Schirner Verlag

Siranus Sven von Staden

Quantenheilung kann jeder – auch Sie!

Die Methode kurz, prägnant und
praktisch auf den Punkt gebracht

Haftungsausschluss

Die Übungen und Informationen in diesem Buch sind kein Ersatz für eine ärztliche, heilpraktische oder therapeutische Behandlung. Sie führen alle Übungen in eigener Verantwortung durch. Weder der Autor noch der Verlag können für eventuelle Folgen, die sich aus den im Buch gemachten praktischen Hinweisen ergeben, eine Haftung übernehmen.

ISBN 978-3-8434-5037-9

Siranus Sven von Staden:
Quantenheilung kann jeder –
auch Sie!
Die Methode kurz, prägnant und
praktisch auf den Punkt gebracht
© 2011 Schirner Verlag, Darmstadt

Umschlaggestaltung: Murat Karaçay, Schirner, unter Verwendung von
10437831 (manu), www.fotolia.de
Redaktion und Satz: Rudolf Garski, Schirner
Printed by: OURDASdruckt!, Celle, Germany

www.schirner.com

3. Auflage 2011

Alle Rechte der Verbreitung, auch durch Funk, Fernsehen und sonstige Kommunikationsmittel, fotomechanische oder vertonte Wiedergabe sowie des auszugsweisen Nachdrucks vorbehalten

Inhalt

Vorwort	9
Was ist Quantenheilung?	11
Alles im Universum hat seine Ordnung	11
Alles hat seinen Grund	13
Der Körper als perfekter Signalgeber	13
Quantenheilung kann jeder	15
Die Zwei-Punkt-Methode	16
Die Grundlage der Quantenheilung	19
Das Quellbewusstsein als Basis	19
Übung: Quellbewusstsein erfahren	21
Abtauchen in das Nichts	22
Übung: Worte verblassen lassen	23
Übung: Die Frage	23
Die Synchronisation erspüren	24
Absicht statt Erwartung	25
Ein kleines Wunder gefällig?	27
Sich selbst kennenlernen	31
Der Fall Marcel	32
Erkenntnis erlangen	33
Verstehen führt zu Veränderung	35
Übung: Kontaktaufnahme	36
Der kinesiologische Test	39
Quantenheilung und Gesundheit	43
Übung: Sieben Tage, die Ihr Leben verändern	46
Übung: Das Aktivieren der Selbstheilungskräfte	46
Physische Schmerzen heilen	48
Verletzungen heilen	51

Quantenheilung und Liebe — 53
- Übung: Die Liebe heilen — 57
- Schmerz oder Freude — 58
- Das Spiegelgesetz — 60
- Befreiung von Ängsten und Überzeugungen — 61

Quantenheilung und Erfolg — 67
- Die Weisheiten des Erfolgs — 70
  - Übung: Das eigene brachliegende Potenzial freilegen — 74
  - Übung: Das Dankbarkeitsritual — 78
  - Übung: Zielerreichung vereinfachen — 79
- Reichtum erfahren — 80
  - Übung: Den Geldfluss verstärken — 83

Quantenheilung und Spiritualität — 85
- Was will ich wirklich? — 87
  - Übung: Was wollen Sie wirklich in Ihrem Leben? — 87
- Der Sinn des Lebens — 91
  - Übung: Erwecken ungenutzter Potenziale zur Stärkung Ihrer Gabe — 94
  - Übung: Sich selbst im Quellbewusstsein erfahren — 94
- Den Alltag völlig neu erfahren — 96

Und jetzt? — 97
- Quantenheilung im Alltag — 98
- Die Zukunft aktiv gestalten — 99
- Zum Schluss — 100

Über den Autor — 101
- Weiterführende Literatur und Tipps — 102

Für meine Eltern,
ohne die dieses wundervolle Leben nicht möglich wäre.
Ohne euch hätte ich nie all die Erfahrungen gesammelt,
die mich zu dem Menschen gemacht haben,
der ich heute bin.
Ich danke euch aus tiefstem Herzen!

*»Wir haben ein Recht auf ein erfülltes,
glückliches und gesundes Leben voller Wohlstand.
Es wird Zeit, dass wir dieses Recht
in Anspruch nehmen!«*

Vorwort

Den 12. Juli 2009 werde ich wohl niemals vergessen. An diesem Tag erfuhr ich über eine gute Freundin von einer Methode, die in kürzester Zeit radikale Veränderungen und Heilungen ermöglichen sollte. Diese Methode nannte sich »Matrix Energetics« und hatte bei der Freundin schon deutliche Wirkungen gezeigt. Ich selbst arbeitete schon seit vielen Jahren mit Menschen und Unternehmen am Thema Veränderungen. So konnte ich im ersten Moment all das nicht glauben, was sie mir erzählte.

Nach anfänglicher Skepsis wurde ich dennoch neugierig und meldete mich zum gleichen Seminar-Special an, das auch sie besucht hatte. Es trug den Titel »Lebensplan, Beruf(ung), Karriere und Geldfluss«. Ich erlebte zwei Tage, die auch mich überzeugten und dafür sorgten, dass ich fortan alles verschlang, was mit Matrix-Arbeit und Quantenheilung zu tun hatte. Egal, ob es um die oben genannte Methode »Matrix Energetics« oder um »Quantenheilung«, »Reconnective Healing« oder die »Neuen Heilweisen der Russen« ging, nichts war »vor mir sicher«.

Ich organisierte wenig später selbst ein Seminar zum Thema »Heilung auf Quantenebene« und war erstaunt, was sich alles bei meinen Teilnehmern tat. Egal, an welchen Lebensbereichen ich mit ihnen arbeitete, immer veränderte sich etwas positiv. Als ich mich anschließend auch mit den Neuen Wissenschaften beschäftigte, die diese Methoden bestätigen, war mir bewusst, dass ich dazu beitragen musste, dieses Wissen in die Welt zu tragen. Jeder sollte von dieser unglaublichen Methode erfahren. Ich entwickelte meine eigene Methode, die ich »Quantum Energy« nannte.

Mittlerweile sind anderthalb Jahre ins Land gezogen. Weltweit dürften bereits hunderttausende Menschen Seminare der neuen Heilmethoden besucht haben, und es gibt bereits viele Bücher zum Thema »Quantenheilung«. Mit diesem Büchlein möchte ich Ihnen einen Einblick in das geben, was alles möglich ist. Und das Erstaunliche ist: Am Ende des Buches werden Sie selbst in der Lage sein, Quantenheilung anzuwenden – für ein erfülltes, glückliches und gesundes Leben voller Wohlstand.

Ich wünsche Ihnen viel Freude beim Lesen dieser Lektüre und vor allem bei der Anwendung der Methode.

Von Herzen

Ihr

Was ist Quantenheilung?

*»Heilung auf der Quantenebene
geschieht meist schnell und einfach zugleich.«*

Dieses erste Kapitel soll Ihrem Verstand »Futter geben«, damit Sie verstehen können, weshalb Quantenheilung so gut und vor allem so einfach funktioniert. Noch nie waren Veränderungen und Heilung leichter zu erzielen, als seit dem Aufkommen dieser neuen Heilmethoden. Vormals war es nur wenigen Heilern bestimmt, wirkliche Wunder zu vollbringen. Heute kann es quasi jeder – spätestens am Ende des Buches auch Sie.

Alles im Universum hat seine Ordnung

Die Quantenphysik besagt, dass alles im Universum aus dem gleichen »Stoff« besteht, nämlich aus Energie oder, genauer gesagt, aus elektromagnetischen Schwingungen. Ein Berg, ein Tisch oder der menschliche Körper bestehen aus verdichteter Energie. Sie sind daher Materie und somit greifbar. Feinstoffliche Energie wie die Luft, unsere Gedanken oder Träume lassen sich nicht greifen.

Und dennoch ist alles eins. Alles ist elektromagnetische Schwingung. Wenn alles »in Ordnung« ist, schwingt alles harmonisch. Harmonie ist somit der natürliche Zustand, die natürliche Ordnung. Doch können Ereignisse dazu führen, dass die Schwingungen disharmonisch werden. In der Natur kann z. B. ein erhöhter Druckanstieg im Erdinneren zu einem Vulkanausbruch führen. Auch ist jede Tierpopulation so ausgelegt, dass sie »harmonisch« wächst. Greift aber beispielsweise der Mensch in diese Harmonie ein, so kann es passieren, dass eine Tierart ausstirbt oder aufgrund fehlender natürlicher Feinde ihre Population exorbitant ansteigt.

Ähnlich verhält es sich beim Menschen. Ist seine Schwingung harmonisch, ist er gesund und zufrieden. Das ist seine natürliche Ordnung. So wird der Mensch geboren – von einigen Ausnahmen abgesehen. Besondere Umstände tragen dazu bei, dass diese Harmonie ins Wanken gerät. Mithilfe der Quantenheilung kann sie wiederhergestellt werden. Hat ein Mensch z. B. aufgrund einer Erfahrung Angst vor irgendetwas, ist seine natürliche Ordnung gestört. Hat er Schmerzen oder ist er krank, so hat etwas dazu beigetragen, dass seine Schwingung in Unordnung geraten ist.

Normalerweise sorgt der Körper mittels seiner Selbstheilungskräfte dafür, dass Heilung geschieht, so wie beispielsweise ein Kratzer am Arm von allein verheilt. Doch lassen wir ihm selten die Chance zur Selbstheilung, da wir uns nicht die dafür notwendige Ruhe gönnen oder lieber gleich zu Aspirin oder Ähnlichem greifen.

Die Quantenheilung sorgt dafür, dass unsere schlafenden Selbstheilungskräfte wieder erwachen und für Ordnung im »System« sorgen können.

Alles hat seinen Grund

Nichts im Universum geschieht grundlos. Das sagen uns die Wissenschaften schon sehr lange. Wir kennen dies als das Ursache-Wirkungs-Prinzip. Somit haben auch diejenigen Themen, die uns negativ beeinflussen, ihren Grund. Jede Angst, Phobie oder Panikattacke hat ihren Grund. Jeder Schmerz oder jede Krankheit hat ihren Grund. Wenn ich »ständig pleite bin«, hat das seinen Grund. Auch der ewig vermeintlich »falsche« Partner in Ihrem Leben hat seinen Grund, genauso wie der cholerische Chef. Nichts geschieht grundlos. Es ist wichtig, dass Sie das anerkennen.

Der Körper als perfekter Signalgeber

Ich möchte Ihnen ein Beispiel schildern: Herr Franken, ein hoch dotierter Manager, arbeitet täglich 10–12 Stunden. Sein Job fordert ihn stark. Herr Franken steht ständig unter Stress. Wenn er abends nach Hause kommt, ist er hundemüde und findet kaum noch Zeit für Erholung oder Freizeit. Irgendwann bekommt er eine Erkältung. Diese stört ihn natürlich nicht. Einige Zeit später »erwischt« ihn ein umgehender Virus und er bekommt eine Grippe. Unser Manager geht in die Apotheke und versorgt sich mit den üblichen Medikamenten. Die Symptome der Grippe werden durch sie unterdrückt, und Herr Franken kann weiter seine Arbeit verrichten. Er ist zwar nicht so konzentriert wie sonst und er hat auch Kopf- und Gliederschmerzen, doch gibt es ja Schlimmeres. Die Grippe ist nach einer Woche verschwunden.

Ein halbes Jahr später bekommt er von jetzt auf gleich eine Lungenentzündung – scheinbar grundlos. Herr Franken ärgert sich, weil er für eine Woche ins Krankenhaus muss und sein Arbeitsprojekt darunter »leidet«. Die Ärzte und die Antibiotika geben ihr Bestes. Herr Franken wird wieder gesund und beendet sein Projekt infolge von Wochenendarbeit pünktlich. Er ist wieder topfit, jedoch nicht ganz, denn ab und zu verspürt er ein Stechen in der Herzgegend, wenn er die Treppen hochsteigt. Er schiebt das auf seine schlechte Kondition und darauf, dass er ja schon über ein Jahr lang keinen Sport mehr getrieben hat. Drei Monate später bricht Herr Franken urplötzlich zusammen, als er sich ein Bier aus dem Kühlschrank holen will.

Als er später wach wird, liegt er im Krankenhaus. Sein Arzt teilt ihm mit, dass er einen Herzinfarkt hatte. Die nächsten zwei Wochen ermöglichen es ihm, über sein Leben nachzudenken. Endlich versteht er, was ihm sein Körper schon so lange mitzuteilen versuchte, nämlich dass er kürzertreten muss. Herr Franken ist einer von ca. 300 000 Deutschen, die jährlich einen Herzinfarkt erleiden.

Unser Körper ist der perfekte Signalgeber. Er teilt uns sofort mit, wenn unser »System« nicht in Ordnung ist. Und weil er ursprünglich einmal auf Selbstheilung programmiert war, sendet er Signale ans Gehirn. Diese sind anfangs sanft, wie im Fall von Herrn Franken und seiner Erkältung. Ignorieren wir diese kleinen Signale, werden die Zeichen immer stärker. Im Extremfall können sie zum Tode führen. Doch muss das nicht sein, wenn wir auf unseren Körper hören. Er möchte uns lediglich auf etwas aufmerksam machen.

Und das ist einer der wichtigsten Aspekte, wenn die Quantenheilung eine nachhaltige und tief greifende Wirkung zeigen soll: Wenn wir verstehen, worauf uns unser Körper aufmerksam machen möchte, ist bereits der erste Schritt zur Heilung getan. So hat jede Krankheit, jeder Schmerz, jede Blockade oder jede Angst etwas Positives. Selbst wenn wir das anfänglich nicht sehen können oder wahrhaben wollen, so möchte uns der entsprechende Aspekt etwas aufzeigen. Dazu später mehr.

Quantenheilung kann jeder

Wie kann es sein, dass wir die Quantenheilung, die ja so einfach ist, erst jetzt entdecken? Die Methode an sich ist bereits sehr alt, daher ist »entdecken« das nicht ganz richtige Wort; »populär geworden« trifft es deutlich besser. Ihr

Ursprung liegt im hawaiianischen Huna. Die Kahunas, also die Schamanen, wendeten diese Methode unter dem Begriff Kahi, die »magische Berührung« an. Das ist es, was passiert: Es werden lediglich durch die Hände des Heilers zwei Punkte miteinander verbunden. Aus diesem Grund wird die Quantenheilung auch Zwei-Punkt-Methode genannt. Und ich bin mir sicher, dass auch Sie in der Lage sind, zwei Punkte miteinander zu verbinden.

Populär gemacht haben diese Methode zwei Amerikaner: Dr. Richard Bartlett und Dr. Frank Kinslow. Sie stießen als Chiropraktiker unabhängig voneinander während ihrer Arbeit auf diese Art der Heilung. Nach immer mehr Heilungserfolgen erklärten sie es zu ihrer Aufgabe, die Zwei-Punkt-Methode, jeder auf seine Art, in die Welt zu tragen.

Die Zwei-Punkt-Methode

Damit Sie sich vorstellen können, was passiert, wenn Ihr Körper auf Selbstheilung eingestellt wird, möchte ich mit Ihnen einen kurzen Abstecher in die Quantenphysik machen. Es gibt eine Gesetzmäßigkeit, die das »Prinzip der Verschränkung« genannt wird. In einem sehr spannenden Versuch haben Forscher Folgendes entdeckt:

Sie spalteten ein Lichtteilchen, Photon genannt, in zwei Teile auf und brachten diese an unterschiedliche, sehr weit entfernte Orte. Wurde das eine Teilchen mit einer Information bestückt, so war die gleiche Information zum gleichen Zeitpunkt plötzlich auch in dem anderen Teilchen. Das war revolutionär, denn nach der Relativitätstheorie Einsteins ist nichts schneller als Lichtgeschwindigkeit. Doch gab es keinen messbaren Zeitunterschied zwischen der Veränderung des einen sowie des anderen Teilchens.

Und genau diese Art der Informationsübertragung passiert auch bei der Zwei-Punkt-Methode bzw. Quantenheilung: Man berührt eine Stelle am Körper, die »in Unordnung« ist, während man gleichzeitig eine andere Stelle berührt, die »in Ordnung« ist. In dem Moment findet der Prozess der Verschränkung statt. Beide Punkte synchronisieren sich, und die Ordnung wird wiederhergestellt. Das ist alles. Später werden Sie feststellen, dass eigentlich noch nicht einmal eine aktive Berührung erforderlich ist, denn bei einer Fernheilung können Sie schlecht den anderen berühren. Allein die Vorstellung reicht aus.

So einfach kann Veränderung bzw. Heilung sein.

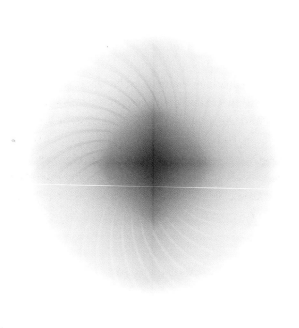

Die Grundlage der Quantenheilung

»Das Nichts ist alles.«

Am Ende des vorigen Kapitels haben Sie erfahren, dass Veränderung oder Heilung mithilfe der Berührung von zwei Punkten stattfindet. Doch das allein ist nicht alles, denn sonst würde ständig Heilung geschehen, nur weil wir zwei Punkte am Körper berühren (wobei mir die Idee sehr gut gefällt). Die Verschränkung bzw. Synchronisation der beiden Punkte ist jedoch lediglich ein *Aspekt* der Quantenheilung. Die *Basis* ist eine andere.

Das Quellbewusstsein als Basis

Quantenheilung arbeitet mit Energie, so wie die meisten anderen energetischen Heilmethoden auch. Der große Unterschied ist, dass *keine Energie* übertragen wird. Es wird lediglich ein *Impuls gesetzt*, der die Selbstheilungskräfte in Gang setzt. Somit sind Quantenheiler auch keine »Heiler« im herkömmlichen Sinne.

Um Ihnen aufzuzeigen, mit welcher Energie diese Methode arbeitet, möchte ich erneut einen kurzen Abstecher in die Quantenphysik machen. Die Wissenschaftler forschen bereits sehr lange daran, was die sogenannte »Leere« ist: Der Raum, in dem nichts ist. Der Weltraum z. B. besteht zum größten Teil aus »nichts« – unsere Luft ebenfalls, zumindest scheint es so. Und dennoch enthält sie den Sauerstoff, der uns am Leben hält, und ist durchdrungen von »Handystrahlen« und Radiowellen usw. Also ist das Nichts doch »etwas«? Ja, denn das Nichts ist das Großartigste, das es gibt.

Dieses Nichts ist das Feld, das alles miteinander verbindet. Max Planck, der Vater der Quantenphysik, identifizierte es bereits 1944. Er hat es als die »Matrix« bezeichnet. Dieses Feld ist der größte Schatz und gleichzeitig das größte Geheimnis, das es gibt. Bisher ist lediglich ein ganz winziger Teil davon erforscht. Die Anwender der Quantenheilung sprechen vom »reinen Bewusstsein« bzw. »reinen Gewahrsein«, weil dieses elektromagnetische Feld alles miteinander verbindet. Dieser Umstand ist beispielsweise der Grund dafür, dass eine Person, an die wir gerade intensiv gedacht haben, uns einen Augenblick später anruft: Wir sind über das Feld miteinander verbunden. Unser Gedanke sendet eine Schwingung aus und die andere Person resoniert darauf. Ich bezeichne dieses Feld als das *Quellbewusstsein*, weil es die *Quelle* ist, aus der heraus die Quantenheilung ihre Energie schöpft.

Doch genug der Theorie. Wenn das Quellbewusstsein die Basis der Quantenheilung darstellt, dann wird es jetzt Zeit, dieses zu erfahren und zu nutzen. Sie werden feststellen, dass es kinderleicht ist, in dieses Bewusstsein zu gelangen.

Quellbewusstsein erfahren

Schließen Sie Ihre Augen, und konzentrieren Sie sich auf Ihre Gedanken. Gerade jetzt geht Ihnen einer von täglich 60000 Gedanken durch den Kopf. Beobachten Sie diesen Gedanken, wie er kommt, sich einen kurzen Aufenthalt in Ihrem Gedächtnis gönnt und dann wieder weiterzieht, um einem weiteren Gedanken Platz zu machen. Oder nistet sich der Gedanke gerade bei Ihnen ein, um Ihnen Kopfzerbrechen zu bereiten? Sollte er dies tun, so lassen Sie ihn jetzt davonschwirren, und nehmen Sie wahr, wie kurz darauf der nächste Gedanke erscheint.

Halt, stopp! War da nicht gerade eine kurze Lücke zwischen den beiden Gedanken? Ja, da war eine kurze Pause. Haben Sie sie bemerkt? Nein? Dann gleich noch einmal. Ein Gedanke kommt, sagt kurz Hallo und zieht vorüber. Jetzt ist sie da, die Lücke, oder? Haben Sie sie dieses Mal wahrgenommen? Üben Sie es ein paar Mal, sie wahrzunehmen.

Dieser kurze Moment, diese Lücke, ist das Quellbewusstsein, das Nichts, das doch große Veränderungen und Heilungen hervorrufen kann. Ziemlich unspektakulär, nicht wahr? Doch genau so ist es. Erweitern wir nun die Übung. Stellen Sie sich vor, wie Sie die Lücke ein wenig ausdehnen, so als würden Sie den gerade gehenden und den nun kommenden Gedanken mit Ihren Händen auseinanderdrücken.

Nehmen Sie jetzt die Lücke genauer wahr. Wie fühlt sich dieses Nichts an? Spüren Sie genau in die Leere hinein. Wenn ich ins Quellbewusstsein gehe, habe ich immer ein Glücksgefühl. So erkenne ich, dass ich darin bin.

Konnten Sie das Quellbewusstsein spüren? Das ist es, was alles verändert. Das ist die Basis der Quantenheilung. Nicht mehr und nicht weniger. Das mag Ihnen noch etwas verwirrend und viel zu einfach vorkommen, doch werden Sie bald feststellen, dass es tatsächlich so leicht ist, mit dieser Energie spontane Veränderungen und Heilungen hervorzurufen. Als ich zum ersten Mal mit dem Quellbewusstsein in Kontakt kam, dachte ich, man wolle mich veräppeln.

Abtauchen in das Nichts

Üben Sie jetzt einige Male: Tauchen Sie immer wieder in das Quellbewusstsein ein, bis es für Sie spielend leicht geworden ist. Dehnen Sie dabei die Lücke immer weiter aus. Wenn wir später – wie bereits beschrieben – die zwei Punkte miteinander verbinden, wird Ihnen das Eintauchen sogar noch leichter fallen, weil Sie sich dann ganz auf diese konzentrieren. Dann wird der Raum um Sie herum ganz automatisch verschwinden. Kennen Sie die Situation, wenn Sie sich in einem Restaurant ganz intensiv mit Ihrem Gegenüber unterhalten, während der Kellner bereits zum dritten Male fragt, was Sie bestellen möchten, ohne dass Sie ihn bemerken? Genau das passiert, wenn Sie Ihre Aufmerksamkeit nur auf die beiden Punkte richten. Für den Fall, dass Sie Schwierigkeiten haben, auf diese Art und Weise in das Quellbewusstsein einzutauchen, stelle ich Ihnen noch zwei weitere Varianten vor.

Worte verblassen lassen

Schließen Sie Ihre Augen. Lassen Sie Ihren Gedanken freien Lauf. Wahrscheinlich haben Sie jede Menge davon. Jetzt nehmen Sie einfach den letzten Satz, der Ihnen durch den Kopf geht, und lassen diesen vor Ihrem inneren Auge erscheinen. Er schwebt jetzt förmlich vor Ihnen. Nun stellen Sie sich vor, wie dieser Satz ganz langsam anfängt, sich vor Ihrem inneren Auge aufzulösen. Die eben noch sehr klare Schrift wird immer blasser und blasser, bis sie sich irgendwann auflöst. Zurück bleibt nur der leere Raum. Das Nichts! Bleiben Sie in diesem Nichts. Sie sind im Quellbewusstsein. Sollte, wovon ich nicht ausgehe, ein weiterer Satz oder ein Bild auftauchen, so lassen Sie diesen Satz bzw. dieses Bild ebenfalls verblassen.

Die Frage

Lassen Sie Ihren Gedanken freien Lauf. Stellen Sie sich dann folgende Frage: »Welche Farbe hat ein Loch?« Oder: »Wie schmeckt der erste Oktober?« Diese Art von Fragen ist so irrational, dass weitere Worte oder Bilder ausbleiben, zumindest meiner Erfahrung nach.

Die Synchronisation erspüren

Im ersten Kapitel haben Sie von der Synchronisation der beiden Punkte erfahren, die Sie bei der Methode mit Ihren Händen bzw. Fingern berühren. Im Moment der Synchronisation wird aus Unordnung Ordnung. Doch woher wissen Sie, welche Punkte Sie genau berühren müssen? Wenn es um die Behandlung von Schmerzen geht, ist die Frage ziemlich einfach zu beantworten: Sie legen eine Hand bzw. einen Finger auf die schmerzende Stelle. Doch wo soll die andere Hand hin? Um das herauszufinden, gibt es zwei Möglichkeiten.

Die erste ist: Sie vertrauen Ihrer Intuition, Ihrer inneren Stimme. Das ist meist das Sinnvollste, denn Ihre Intuition weiß genau, welcher Punkt der richtige ist. Doch nicht jeder ist mit seiner inneren Stimme vertraut. Denjenigen Personen empfehle ich die zweite Möglichkeit.

> Suchen Sie sich zunächst mit der ersten Hand irgendeinen Punkt am Körper desjenigen, den Sie behandeln möchten (also auch Sie selbst), aus. Am besten wählen Sie einen, den Sie bequem erreichen. Dies kann die schmerzende Stelle sein, aber auch irgendeine andere Stelle am Körper. Haben Sie den Punkt gefunden, gleiten Sie mit der anderen Hand ohne Berührung den Körper entlang. Auch hier können Sie einen bequem zu erreichenden Bereich wählen. Wenn ich beispielsweise mit der einen Hand eine Stelle am Rücken finde, beginne ich mit der anderen Hand im Brust- oder Bauchbereich. Sie brauchen sich nicht zu verrenken. Gleiten

Sie also mit der zweiten Hand ohne Berührung den Körper entlang. An einer bestimmten Stelle werden Sie einen Unterschied spüren. Dieser Punkt fühlt sich einfach anders an als der gesamte andere Bereich. Vielleicht stoppt Ihre Hand auch automatisch. Lassen Sie sich überraschen. Auf jeden Fall ist dies der zweite Punkt. An dieser Stelle berühren Sie den Körper. Jetzt geben Sie Ihre gesamte Aufmerksamkeit auf die beiden Stellen, die Sie mit Ihren Händen berühren. Das ist der Moment, in dem die Synchronisation geschieht. Die Verschränkung tritt ein.

Absicht statt Erwartung

Kennen Sie die Situation, dass Sie etwas Bestimmtes erreichen wollen, Sie eine entsprechende Erwartung haben, aber diese sich nicht erfüllt? Willkommen im Club, Sie sind nicht allein. Erwartungen neigen dazu, nicht erfüllt zu werden.
Aus diesem Grunde ergibt es auch keinen Sinn, mit der Quantenheilung ein bestimmtes Ergebnis erhalten zu wollen. Meine Erfahrungen reichen von großen Wundern bis hin zu ausbleibenden Veränderungen. Alles kann und darf sein. Denn schließlich werden lediglich die Selbstheilungskräfte aktiviert. Der Körper weiß ganz genau, was jetzt in diesem Moment richtig ist und was nicht. So kann es beispielsweise sein, dass noch nicht der richtige Zeitpunkt für die Veränderung oder Heilung da ist. Erwartungen erhöhen den Druck auf den Behandelnden und den Behandelten.

Sollen Sie jetzt alles dem Zufall überlassen? Nein! Allerdings gehen an dieser Stelle die Meinungen auseinander. Es gibt viele Anwender der Quantenheilung, die sagen, dass das Feld, aus dem heraus die Heilung geschieht, am besten wisse, was für den Menschen gut sei. Das ist natürlich wahr. Doch gleichzeitig gilt auch das Gesetz der Resonanz: Worauf ich meine Aufmerksamkeit richte, das erschaffe ich. Warum sollte ich dieses Naturgesetz nicht nutzen, um dem Weg der Heilung eine gewisse Richtung zu geben?

Ich bin der Überzeugung, dass eine feste Absicht die Energie für die Selbstheilung entsprechend bündeln kann. Diese Erfahrung habe ich hundertfach gemacht.

Formulieren Sie also, wenn Sie eine Veränderung oder Heilung einleiten möchten, eine konkrete Absicht. Jetzt werden Sie wahrscheinlich fragen, wo der Unterschied zwischen Absicht und Erwartung ist. Das ist ganz einfach: Eine Absicht gibt eine Richtung vor, jedoch kein festes Ergebnis. Eine Erwartung fordert ein konkretes Ergebnis ein.

Ich gebe Ihnen ein Beispiel: Angenommen, Sie hätten Angst vor Spinnen. Ihre *Absicht* könnte dann sein, Spinnen ganz entspannt als harmlose Tiere wie Hamster oder Fliegen wahrzunehmen. Nach der vollendeten Übung kann es sein, dass die Angst verschwunden, sie geringer geworden ist oder dass sich gegebenenfalls nichts verändert hat. Ihre *Erwartung* jedoch wäre höchstwahrscheinlich, dass die Angst völlig verschwindet. Das ist der Unterschied. Lösen Sie sich also von Erwartungen, und formulieren Sie eine Absicht.

Was sollten Sie bei der Formulierung Ihrer Absicht beachten? Auf jeden Fall das Gesetz der Resonanz bzw. Anziehung, denn wenn Ihre Absicht »Ich will keine Schmerzen mehr haben« lautet, worauf richten Sie dann Ihre Aufmerksamkeit? Richtig, auf die Schmerzen. Also werden diese vermutlich eher größer als geringer werden. Auch die Aussage »schmerzfrei« richtet Ihren Fokus auf den Schmerz. Formulieren Sie Ihre Absicht also positiv. Formulieren Sie nicht das, was Sie nicht mehr wollen, sondern das, was Sie wollen. Am einfachsten ist es, wenn Sie sich überlegen, wie die Situation letztendlich aussehen soll.

Nehmen wir das Beispiel mit der Spinnenangst. Die zukünftige Situation könnte lauten: »Ich mag Spinnen.« Oder: »Beim Anblick einer Spinne fühle ich mich wohl.« Formulieren Sie zudem den gewünschten Zustand immer in der Gegenwart, also »Ich *mag* Spinnen« und nicht »Ich *werde* Spinnen *mögen*«. Sonst verlagern Sie Ihre Absicht in die unbestimmte Zukunft. Je einfacher und vor allem kürzer Ihre Absicht formuliert ist, desto leichter erfolgt die Veränderung. Die einfachste Formulierung für alle Absichten lautet »transformiert«, denn das ist es ja, was Sie wollen, eine Veränderung hin zum Positiven.

Ein kleines Wunder gefällig?

Nachdem Sie inzwischen die ersten Übungen durchgeführt und mehr und mehr Sicherheit mit dem Quellbewusstsein und dem Finden der beiden Punkte gewonnen haben, möchte ich Sie zu einer ersten Transformation einladen – damit Sie die Quantenheilung am eigenen Körper erleben können. Im Prinzip haben Sie sie bereits erlebt, denn viel mehr als das, was Sie bisher getan haben, braucht es nicht. Ich sagte Ihnen bereits zu Beginn des Buches, dass Quantenheilung spielend leicht ist und dass sie jeder schnell erlernen kann.

Viele Menschen haben einen verspannten Nacken bzw. eine verhärtete Schultermuskulatur. Vielleicht ja auch Sie. Wenn nicht, kennen Sie gegebenenfalls eine andere Person mit diesen Beschwerden. Oder Sie selbst haben andere leichte Beschwerden. Beginnen Sie nicht gleich mit einem Bandscheibenvorfall oder anderen starken Schmerzen, denn Sie möchten sich ja später noch steigern, oder? Außerdem ist es wie beim Hochsprung: Sie beginnen mit einer Höhe, die Sie leicht meistern können, und legen die Messlatte dann von Mal zu Mal höher.

> Sie haben eine schmerzende Stelle gefunden? Dann legen wir los. Überlegen Sie sich Ihre genaue Absicht. Was genau soll der gewünschte Zustand sein? Im Falle der Schultern könnte die Absicht z.B. lauten: »Die Schultern sind locker und angenehm entspannt.« Formulieren Sie Ihre Absicht und bringen Sie sie dadurch in das Feld, in die Matrix. Jetzt berühren Sie mit einer Hand leicht die schmerzende Stelle. Finden Sie mit der anderen Hand intuitiv den zweiten Punkt am Körper. Richten Sie Ihre volle Aufmerksamkeit auf diese

beiden Punkte, und gehen Sie dann in das Quellbewusstsein – so, wie Sie es gelernt haben. Verweilen Sie eine Weile darin. Sie werden wissen, wann es gut ist. Fällt Ihnen das zum jetzigen Zeitpunkt noch schwer, bleiben Sie eine Minute im Quellbewusstsein. Das reicht für diese Übung aus.

Lösen Sie danach Ihre Hände, warten Sie einen Augenblick lang, und spüren Sie dann in den ursprünglichen Schmerz hinein. Sollten Sie eine andere Person behandelt haben, fragen Sie diese, wie das Schmerzempfinden jetzt ist. Ist, wovon ich ausgehe, eine Veränderung zum Besseren eingetreten? Herzlichen Glückwunsch, das Wunder durfte geschehen! Wenn der Schmerz nicht geringer geworden ist, probieren Sie es direkt noch einmal aus.

Manchmal braucht es auch eine Weile, bis eine Besserung eintritt. Ich habe nicht selten erlebt, dass zuerst eine kaum merkliche Linderung eintrat und nach zehn Minuten der Schmerz komplett verschwunden war. Es kann jedoch auch sein, dass es eine Woche oder länger braucht, bis eine wirkliche Veränderung eintritt. Denken Sie daran, Ihr Körper entscheidet, was richtig ist.

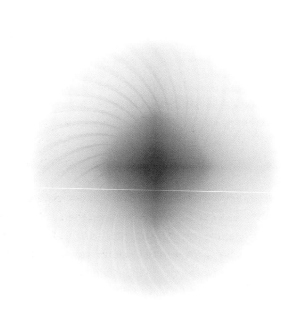

Sich selbst kennenlernen

»Wenn der Verstand versteht, darf Heilung geschehen.«

Über das Thema dieses Abschnitts werden Sie in anderen Quantenheilungsbüchern nichts erfahren. Mir jedoch ist in all den Jahren meiner Coachingtätigkeit bewusst geworden, dass es einen immens wichtigen Aspekt zu beachten gilt, wenn Veränderung und Heilung langfristig anhalten sollen.

Früher begegneten mir immer wieder Klienten, die mir zwar am Ende des Coachings erzählten, ihnen gehe es blendend, die jedoch zwei oder drei Tage später in ihr altes Muster verfielen. Ich war erstaunt, denn die Veränderung war jedes Mal eindeutig erfolgt. Nach längerem Forschen und einem ganz besonderen Erlebnis fiel mir die Erklärung dafür wie Schuppen von den Augen. Ich erzähle Ihnen einfach die Geschichte eines Klienten, die den Grund für die Rückfälle schön erklärt.

Der Fall Marcel

Marcel war Anfang 20, als er zu mir kam. Er litt an einer Blutphobie. Sobald er das Wort »Blut« auch nur hörte, reagierte sein Körper spontan sehr heftig, sodass Marcel im Extremfall sogar ohnmächtig wurde. Die Methode, mit der ich Menschen dabei unterstütze, sich von Ängsten oder Phobien zu befreien, nimmt im Regelfall fünf bis zehn Minuten in Anspruch. Ich verwendete sie auch für die Arbeit mit Marcel. Zehn Minuten später war seine Phobie transformiert. Ich teste im Nachhinein immer aus, ob die Phobie tatsächlich weg ist. So erzählte ich Marcel von einer sehr blutigen Knieoperation. Sein Zustand blieb stabil. Doch reichte mir das nicht. Ich ließ mir von ihm eine Nadel geben und pikste mir vor seinen Augen in den Daumen. Das Blut trat hervor, doch Marcel lächelte nur.

Damit war klar, dass seine Phobie verschwunden war. Ich unterhielt mich mit Marcel anschließend noch über banale Dinge. Etwa zehn Minuten später konnte ich beobachten, dass ihm, wie in einem spannenden Kinofilm, das Blut aus dem Gesicht wich und er leichenblass wurde. Ich fragte ihn, was mit ihm los sei, und er teilte mir mit, dass er nicht glauben könne, dass seine seit 20 Jahren bestehende Phobie auf einmal verschwunden sei. Deswegen stellte er sich in allen Farben vor, wie er sich selbst in den Finger pikste. Das war für seinen Kreislauf zu viel.

Was war passiert? Ich hatte mit ihm an einem Thema gearbeitet, das sein bisheriges Leben bestimmt hatte. Auf einmal war die Phobie weg. Doch ist eine Phobie nicht umsonst da. Alles, was in unserem Leben geschieht, hat einen Grund. Nichts im Universum geschieht grundlos. Jeder Schmerz, jede Krankheit, jede Angst und jedes Verhaltensmuster, das uns widerfährt, hat seine Ursache (vgl. Kap. 1, »Alles hat seinen Grund). Und so hatte auch die Phobie von Marcel ihre Ursache. Das Versagen des Kreislaufs hatte ihn immer vor Schlimmerem beschützen sollen. Ähnlich wie ein Schock uns nach einem schweren Unfall zur Ruhe zwingt. Und das nur zu einem Zweck – unser Überleben zu bewahren. Diese »Strategie« des Verstandes, den phobischen Zustand auszulösen, dient also lediglich der Existenzsicherung. Natürlich laufen solche Lebenserhaltungsstrategien unbewusst ab. Es sind erlernte Muster, die dann automatisch ausgelöst werden. In meinem Buch *Quantum Energy. Das Geheimnis außergewöhnlicher Veränderungen und Heilungen* (Schirner 2011) gehe ich ausführlicher auf dieses Thema ein.

Erkenntnis erlangen

Marcels Phobie soll als Beispiel dafür dienen, welchen Einfluss unser Verstand auf unser Leben hat. Er ist beinahe das machtvollste Instrument unseres Körpers. Eigentlich ist das Herz unser machtvollstes Gut, doch haben wir in unserer Kultur seit den wissenschaftlichen Forschungen Newtons und

Descartes' dem Verstand immer mehr Macht eingeräumt – auf Kosten unserer Gefühle und unserer Intuition. Natürlich hat der Verstand auch sein Gutes: Er ist dazu da, die Kontrolle über unser Leben zu behalten. Aus diesem Grund ist es wichtig, ihn beim Heilungsprozess mit ins Boot zu holen. Erst wenn der Verstand versteht, darf nachhaltige Heilung geschehen.

Doch unser Verstand ist lediglich ein Erfüllungsgehilfe: für unser Ego. Das Ego hat einen einzigen Auftrag: unser Überleben zu sichern. Und das tut es mit aller Macht. Daher ist das Ego die Nr. 1 in der Machthierarchie, solange wir es an dieser Position belassen. Und der Verstand ist als »Kontrollorgan« sein Helfer. Wie gut der Verstand seinen Job erledigt, wissen Sie selbst wahrscheinlich am besten. Er hält die subtilsten Strategien bereit, um den alten Zustand aufrechtzuerhalten, weil das Vertraute vermeintlich unser Überleben sichert. Und genau aus diesem Grund ist es so wichtig, dass der Verstand versteht, wozu all die Themen da sind, die wir im Laufe der Jahre gesammelt haben: damit wir ihn dann zu unserem Verbündeten machen können.

Wie ist es nun möglich, zu verstehen, wozu der Schmerz, die Krankheit, die Angst oder die Blockade da ist und worauf sie uns hinweisen möchte? Bevor ich Ihnen eine Übung aufzeige, wie Sie diesbezüglich Ihren Verstand mit ins Boot holen, gibt es noch eine weitere wichtige Erkenntnis, die Sie kennenlernen sollen. Wie bereits gesagt: Nichts im Universum geschieht grundlos. Wenn dem so ist, dann können wir daraus schlussfolgern, dass jeder Schmerz, jede Angst usw. lediglich dazu da ist, uns auf etwas aufmerksam zu machen. Auch wenn Ihr Verstand jetzt rebelliert und Sie dieses Buch am liebsten in die Ecke werfen würden: Es lässt sich nicht leugnen, dass all unsere vermeintlichen »Probleme« auch etwas Positives in sich tragen. Jede Krankheit ist für etwas gut, jede Kündigung ebenfalls. Jede unglückliche Beziehung und all die anderen Themen dienen etwas Positivem. Vorausgesetzt, wir verstehen es. Geben Sie dem Buch eine Chance – allein das Wissen aus diesem Kapitel kann Ihr Leben rigoros verändern.

Verstehen führt zu Veränderung

Die folgende Geschichte soll verdeutlichen, wie machtvoll das Verstehen ist: Vor ca. einem Jahr saß in einem meiner Erlebnisabende eine Frau, die mir am Ende des Abends ihre Geschichte erzählte. Sie sei 45 Jahre alt und habe, seit sie denken kann, Tag und Nacht heftigste Schmerzen. Mehrfach habe sie sich bereits das Leben nehmen wollen, doch sei sie nicht mutig genug dafür gewesen. Ich nahm mich ihrer an.
In den ersten beiden Coachingstunden verlief die Arbeit mit ihr so gut, dass ihr Schmerzlevel um etwa 50 % sank. Das war für sie der reinste Luxus und ein völlig neues Lebensgefühl. In den nächsten beiden Stunden ging ich eine Stufe tiefer. Ich brachte sie mit ihrem Schmerz in Kontakt. Durch diesen Kon-

takt war sie in der Lage, zu verstehen, was ihr der Schmerz all die Jahre über hatte mitteilen wollen. Er hatte nur einen einzigen Daseinszweck: Er wollte sie darauf aufmerksam machen, dass sie auch für sich zu sorgen habe. Ihr Leben lang sorgte sie nur für andere, doch niemals für sich.

Meine Klientin machte mit ihrem Schmerz einen »Deal«, auch wenn sich das jetzt merkwürdig anhören mag. Dieser besagte: »Ich fange an, für mich zu sorgen und mich lieben zu lernen – und du bist dafür im Gegenzug frei.« Gesagt, getan. In dem Moment, als sie ihr Leben veränderte, war der Schmerz von jetzt auf gleich weg. Das klingt wie ein Märchen und ist dennoch wahr. Ich brauchte mit ihr überhaupt keine Heilung mehr durchzuführen. Die Erkenntnis und das Verstehen reichten aus, damit Heilung geschehen durfte. Als sie einige Zeit später aufgrund ihres Alltags wieder vergaß, auf sich selbst zu achten, meldete sich der Schmerz prompt zurück. Und sie verstand erneut.

Diese Geschichte zeigt eindeutig die Kraft des Verstehens auf. Daher beschreibe ich Ihnen jetzt die Übung, die es Ihnen ermöglicht, zu verstehen, worauf Sie Ihr Thema aufmerksam machen möchte.

Kontaktaufnahme

Machen Sie es sich bequem. Sie können entweder sitzen oder liegen. Schließen Sie Ihre Augen, und konzentrieren Sie sich auf Ihren Atem, wie er kommt und wieder geht. Mit jedem Atemzug werden Sie ruhiger und können sich mehr und mehr entspannen. Spüren Sie, wie der Alltag von Ihnen abfällt, während Sie ruhiger und ruhiger werden. Verlagern Sie jetzt Ihre Aufmerksamkeit auf Ihr Thema. Konzentrieren Sie sich auf den Schmerz, die Krankheit oder die Blockade – was auch immer es ist. Gehen Sie in Kontakt damit. Gelingt Ihnen dies nicht sofort, können Sie sich wahrscheinlich an eine Situation erinnern, in der Ihr Thema ganz präsent war. Gehen Sie so stark in diese Erinnerung, bis Sie das Thema fühlen können.

Lokalisieren Sie jetzt, wo in Ihrem Körper Sie das Thema wahrnehmen. Konzentrieren Sie sich ganz auf diesen Punkt. Sollte das Gefühl zu intensiv sein, so stellen Sie sich vor, Sie hätten einen Thermostat in Ihrer Hand, mit dem Sie die Intensität auf ein erträgliches Maß herunterregeln können, so, dass Sie weiterhin handlungsfähig sind.

Sprechen Sie nun Ihr Thema an, in dem Sie es aus Ihrem Inneren heraus fragen, ob es mit Ihnen in Kontakt treten möchte. Es wird eine Antwort kommen, ganz bestimmt. Nicht immer muss diese Antwort verbaler Natur sein. Es kann auch sein, dass Sie eine Veränderung in der Region Ihres Schmerzes usw. spüren oder ein Bild sehen. Was auch immer kommt, lassen Sie es zu. Sollte die Antwort negativ ausfallen oder gar nichts passieren, dann fragen Sie, was Sie tun können, um den Kontakt herzustellen. Denken Sie daran: Bisher hatte Ihr Thema noch nie Kontakt zu Ihnen.

Deshalb muss es ein entsprechendes Vertrauen zu Ihnen aufbauen. Achten Sie darauf, dass die Antwort nicht aus Ihrem Verstand kommt, sondern vom Thema selbst.

Ist die Kontaktbereitschaft da, gehen Sie einen Schritt weiter. Fragen Sie Ihr Thema, ob es einen Namen hat. Egal, was für ein Name kommt, akzeptieren Sie ihn. Fragen Sie anschließend: »Ich möchte gern mehr über dich erfahren. Wozu bist du hier?« Oder: »Worauf möchtest du mich aufmerksam machen?« Oder: »Was ist deine Aufgabe?« Sie können einen Dialog aufbauen. Seien Sie neugierig, schließlich geht es darum, zu verstehen. »Was kann ich tun, damit deine Aufgabe erfüllt ist?« Oder: »Ich möchte dir gern helfen. Bitte gib mir einen Tipp, was ich tun kann.« Usw.

Haben Sie herausgefunden, aus welchem Grund Ihr Thema da ist und worauf es Sie aufmerksam machen möchte? Dann nehmen Sie ihm im Idealfall seine Aufgabe ab, und übernehmen Sie sie selbst. Nicht den Schmerz bzw. das Thema an sich, sondern das, worauf es Sie hinweisen möchte. Fragen Sie nun, ob es eine neue Aufgabe übernehmen möchte, nämlich Sie bei Ihrer Aufgabe zu unterstützen. Aus meiner Erfahrung heraus kann ich sagen, dass das Thema dies in den meisten Fällen gern macht. Schlagen Sie ihm im Anschluss einen »Deal«, eine Vereinbarung vor, ähnlich wie in der Geschichte mit meiner Schmerzpatientin. Besiegeln Sie dann auf Ihre Art und Weise den Deal. Lösen Sie den Kontakt erst dann, wenn beide Seiten zufrieden sind.

Bedanken Sie sich danach für die Hilfe, und verabschieden Sie sich. Konzentrieren Sie sich jetzt wieder auf Ihren Atem, und kommen Sie über diesen wieder mehr und mehr an die Oberfläche Ihres Bewusstseins zurück. Wenn Sie wieder ganz da sind, öffnen Sie Ihre Augen.

Das war es, jetzt liegt es an Ihnen. Setzen Sie Ihren Teil der Vereinbarung um, handeln Sie. Möglicherweise brauchen Sie später gar keine Quantenheilung mehr durchzuführen. Doch ist das Verstehen eine Voraussetzung dafür, dass der Heilungsprozess langfristig anhält. Mithilfe dieser Übung haben Sie den bisher manipulierenden Verstand zu Ihrem Unterstützer gemacht.

Der kinesiologische Test

Manchmal spielt einem das Universum einen Streich. So erging es zumindest mir, als ich die Quantenheilung in einem meiner Seminare auf der Bühne vorführte. Rund hundert Augen waren auf mich und meine »Probandin« gerichtet, als es darum ging, diese von Schmerzen zu befreien. Doch nichts geschah. Egal, wie häufig und lange ich Quantenheilung anwendete, es fand keine Veränderung statt. Zum Glück hörte ich dann auf meine innere Stimme, die mich an den kinesiologischen Test erinnerte. Ich führte ihn an meiner Teilnehmerin durch, und es stellte sich heraus, dass noch nicht der richtige Zeitpunkt gekommen war, dass die Schmerzen gehen dürften. Sie hatte nämlich noch nicht verstanden, worauf der Schmerz sie aufmerksam machen wollte. Also schickte ich sie zurück auf ihren Platz und lud einen weiteren Teilnehmer ein, an sich die Quantenheilung durchführen zu lassen. Es funktionierte sofort. Der Schmerz ließ ad hoc nach.

So kann es unterschiedliche Gründe geben, weshalb noch nicht der richtige Zeitpunkt gekommen ist, dass Heilung einsetzen darf. Damit Sie gegebenenfalls nicht frustriert sind und zu der Meinung gelangen, Quantenheilung funktioniere bei Ihnen nicht, empfehle ich Ihnen, vor jeder Anwendung den kinesiologischen Test durchzuführen. Quantenheilung funktioniert immer. Nur ist nicht jeder Zeitpunkt der perfekte.

Was ist nun der kinesiologische Test? Dieser wird auch »Muskeltest« genannt und findet weltweit millionenfache Anwendung. Die Grundannahme der Kinesiologie ist, dass Dinge, die wahr sind oder uns guttun, uns Kraft schenken, während Dinge, die unwahr oder nicht gut für uns sind, uns eher schwächen. Das kennt jeder von sich, der z. B. leidenschaftlich gern seinem Hobby, aber im Gegensatz dazu frustriert seinem ungeliebten Job nachgeht. Ersteres gibt Kraft und Freude, Letzteres genau das Gegenteil. Ihr Körper lügt nie, und das nutzen wir, um das Bewusstsein bzw. den kontrollierenden Verstand samt Ego zu umgehen.

Doch nun zum Test: Formen Sie mit Zeigefinger und Daumen der linken Hand ein C, entsprechend mit der rechten

Hand ein spiegelverkehrtes C. Legen Sie jetzt als Rechtshänder den rechten Daumen unter Ihren linken und den rechten Zeigefinger über Ihren linken. Als Linkshänder verfahren Sie umgekehrt. Nun bilden die Finger ein Ei. Ihre Aufgabe wird es gleich sein, mit den beiden »äußeren« Fingern mit aller Kraft die »inneren« Finger zusammenzudrücken, während diese dagegenhalten. Sagen Sie jetzt: »Mein Name ist … (setzen Sie Ihren Namen ein)«, und führen Sie die Übung durch. Sie werden feststellen, dass Sie die Finger nur schwer zusammendrücken können. Gehen Sie erneut in die Ausgangssituation (das »Ei«), und wiederholen Sie den obigen Aussagesatz, doch nennen Sie jetzt einen völlig anderen Namen (Sie lügen also), und drücken Sie dann erneut die Finger zusammen. Geht es jetzt (deutlich) leichter? Sie können auch andere Beispiele verwenden, bei denen Sie einmal die Wahrheit sagen und einmal lügen. So erkennen Sie, dass die Wahrheit Ihnen mehr Kraft schenkt als die Lüge.

Das war der Vortest. Führen Sie die Übung nun zum dritten Mal durch. Stellen Sie dabei folgende Frage: »Ist es jetzt sinnvoll und angemessen, dass … (setzen Sie Ihr Thema ein) gehen/heilen/sich verändern darf?«

Wie war jetzt Ihr Ergebnis? Ging es leicht oder schwer? Es ist wichtig, dass Sie hier sehr ehrlich zu sich selbst sind. Denn wenn heute noch nicht der richtige Zeitpunkt ist und Sie die Übung dennoch durchführen, werden Sie vom Resultat enttäuscht sein. Gegebenenfalls gilt es erst einmal zu verstehen, wozu Ihr Problem gut ist und worauf es Sie hinweisen möchte. Es ist wichtig, dass Sie verstehen, dass Ihnen dieses Problem in der Vergangenheit für etwas dienlich war. Selbst wenn es heute seinen Zweck verloren hat und es Ihnen eher hinderlich statt förderlich zu sein scheint, so müssen Sie das Positive des Problems erkennen.

Nutzen Sie also den kinesiologischen Test, um sicherzustellen, dass Ihr Problem oder Thema im jeweiligen Moment Veränderung finden darf.

Quantenheilung und Gesundheit

»Jede Krankheit hat ihren Sinn.
Sie möchte uns auf etwas aufmerksam machen.
Leider hören wir viel zu wenig hin.
Lauschen wir also unserem Körper!«

Wie bereits zu Beginn des Buches beschrieben, lässt sich die Quantenheilung auf alle Bereiche unseres Lebens anwenden. Ob Gesundheit, Beziehungen, Erfolg, Reichtum oder Spiritualität: Alles lässt sich mit dieser Methode in Kürze deutlich verbessern und heilen. Physische und psychische Schmerzen, Krankheiten und Ängste sowie Mangel dürfen gehen; ein erfülltes, glückliches, gesundes und erfolgreiches Leben darf entstehen.

Gesundheit ist ein natürlicher Zustand und das Geburtsrecht jedes Menschen. Doch scheinen wir diesen Naturzustand verlernt zu haben, denn nur allzu häufig sind wir Menschen krank, der eine mehr, der andere weniger. In den meisten Fällen sorgen wir selbst für diese Umstände. Entweder ernähren wir uns falsch, treiben zu wenig Sport oder wir setzen uns zu hohem Stress aus. Was auch immer es sein mag, wir sollten nicht vergessen, dass wir zu 100% für uns selbst verantwortlich sind. Denn nur wenn wir uns selbst für unsere Gesundheit verantwortlich fühlen, sind wir auch in der Lage, uns gesund zu erhalten.

Es gibt ein Naturgesetz, das besagt, dass die Energie der Aufmerksamkeit folgt. Sie kennen es als das »Gesetz der Anziehung« bzw. »Gesetz der Resonanz«. Spätestens seit dem Buch oder dem Film *The Secret – Das Geheimnis* geht die Kunde dieses Gesetzes rund um die Welt. Es ist ein Gesetz wie das Gesetz der Schwerkraft. Es gilt also immer.

Wenn es also so ist, dass unsere Energie der Aufmerksamkeit folgt: Was passiert, wenn Sie sich auf Ihre Krankheit konzentrieren, auf Ihre Schmerzen oder das, was Sie nicht wollen? Richtig, die Energie verstärkt sich. Sie bekommen mehr davon. Haben Sie schon einmal Menschen beobachtet, die ständig darüber jammern, wie schlecht es ihnen geht? Sie sind dauernd krank, ihnen widerfahren schlechte Dinge und vor allem ziehen sie wie ein Magnet andere Menschen an, die auch gern jammern. Somit befinden sie sich in einem exklusiven Klub von Jammerern und bemerken nicht, dass sie sich selbst ein Gefängnis geschaffen haben. Erkennen Sie sich gerade wieder? Herzlichen Glückwunsch, Sie sind nun dabei, eine Ausfahrt aus dem Stau negativer Energien zu nehmen. Wie heißt es so schön: »Gefahr erkannt, Gefahr gebannt!« Denn jetzt, wo Sie erkannt haben, in was für einem

Schlamassel Sie sich befinden, haben Sie eine Chance, auszusteigen.

Die meisten Menschen jammern. Sie sind also nicht allein. Wozu ist es denn überhaupt gut, zu jammern? Die Antwort ist ganz einfach. Erstens: Sie erhalten Aufmerksamkeit. Zweitens: Sie können anderen die Schuld für ihre miserable Lage geben und brauchen nicht selbst die Verantwortung zu übernehmen. Und weil die wenigsten Menschen bereit sind, die volle Verantwortung für ihr Leben zu übernehmen, jammern sie lieber. Doch *glücklich* werden sie nie, und *gesund* genauso wenig.

Also, noch einmal: Wenn Sie lernen, Ihren Fokus auf das zu richten, *was Sie wollen* anstatt auf das, *was Sie nicht wollen*; wenn Sie Ihre Aufmerksamkeit wegnehmen von dem, was nicht funktioniert (jammern) und auf das lenken, wie es sein könnte; wenn Sie sich weniger auf das Problem konzentrieren als vielmehr auf dessen Lösung, dann verändert sich Ihr Leben. Ganz automatisch, spielend leicht. So wird aus Krankheit Gesundheit.

Das Thema »Fokus« ist mein Lieblingsthema. Weil es so effektiv und vor allem so leicht zu handhaben ist. Ich liebe es, wenn es leicht geht. Daher möchte ich Ihnen jetzt eine Übung vorstellen, mit der Sie innerhalb einer Woche Ihr komplettes Leben verändern können:

Sieben Tage, die Ihr Leben verändern

Nehmen Sie sich ab heute vor, eine Woche genauestens darauf zu achten, dass Ihr Fokus ausschließlich auf die positiven Dinge des Lebens gerichtet ist. Beginnen Sie damit beim Aufwachen, und enden Sie damit beim Einschlafen. Verlieren Sie zwischendurch einmal den positiven Fokus, nutzen Sie folgende Frage als »Zauberformel«: »Was will ich stattdessen?« Diese Frage führt Sie automatisch wieder auf den richtigen Weg.

Das ist eine sehr herausfordernde und gleichzeitig kraftvolle Aufgabe, die viel Disziplin und Achtsamkeit erfordert. Doch werden Sie nach der Woche feststellen, dass sich in Ihrem Leben einiges verändert hat.

Das Aktivieren der Selbstheilungskräfte

Jetzt möchte ich mit Ihnen tief in die Quantenheilung eintauchen. Wir haben, aus welchem Grund auch immer, verlernt, unsere Selbstheilungskräfte aktiv zu nutzen: Mithilfe der Quantenheilung sind Sie in der Lage, diese zu reaktivieren. Die folgende Übung soll Ihnen das erleichtern:

Überlegen Sie sich, zu welchem Thema Sie Ihre Selbstheilungskräfte aktivieren möchten. Das kann z. B. das Verbessern der Beweglichkeit von Gelenken sein, ein gesundes Gewebe, die Heilung eines kranken Organs oder Körperteils etc. Haben Sie ein Thema gefunden, schließen Sie Ihre Augen, und konzentrieren Sie sich nur auf Ihren Atem, wie er kommt und wieder geht. Spüren Sie, wie Sie sich langsam entspannen. Stellen Sie sich nun den gewünschten Zustand mit allen Sinnen vor. Es ist egal, wie weit Sie in diesem Moment von diesem Zustand entfernt sind. Sagen Sie sich innerlich: »Gesundheit ist mein natürlicher Zustand«, »völlige Beweglichkeit«, »Atemwege sind frei« oder etwas Ähnliches. Wichtig ist, dass es positiv formuliert ist. Tauchen Sie jetzt in das Quellbewusstsein ein, so, wie Sie es geübt haben – so lange, bis Sie das Gefühl haben, dass es gut ist. Ihre innere Stimme wird Ihnen mitteilen, wann der richtige Zeitpunkt ist.

Versetzen Sie sich danach in das Gefühl des gesunden Zustands. Was passiert alles, wenn Sie völlig gesund sind? Was tun Sie? Wie fühlen Sie sich? Wie reden andere über Sie? Fühlen Sie die Situation so stark, bis Vorstellung und Realität miteinander verschwimmen. SEIEN Sie ganz tief in der gewünschten Situation, mit allen Gefühlen und Sinnen! Wenn dieses Seins-Gefühl am stärksten ist, pressen Sie für ca. fünf Sekunden Zeigefinger und Daumen Ihrer linken oder rechten Hand zusammen und verankern Sie somit dieses Gefühl in die Handhaltung. Bedanken Sie sich für den bereits erfüllten Wunsch, und kommen Sie zurück an die Oberfläche Ihres Bewusstseins.

Testen Sie Ihren Anker, indem Sie noch einmal Zeigefinger und Daumen zusammenpressen. Entsteht erneut das Gefühl der geheilten Situation? Sollte das nicht der Fall sein, führen Sie die Übung erneut durch, und verankern Sie das Gefühl ein weiteres Mal. Wiederholen Sie in den nächsten 30 Tagen mindestens zweimal täglich die Übung, wobei Sie den Anker nicht erneut setzen müssen. Lassen Sie die Situation immer mehr in Ihren Alltag einfließen – handeln Sie so, als sei der Wunsch bereits Realität. Tauchen Zweifel auf, lösen Sie Ihren Anker aus.

Je häufiger Sie diese Übung zu unterschiedlichen Themenstellungen durchführen, desto mehr wird sich Ihr Körper an seine Selbstheilungskräfte erinnern.

Diese Übung ist bereits eine erweiterte Version der Quantenheilung, kombiniert mit dem Gesetz der Anziehung und dem Prinzip des Verankerns. Auf den nächsten Seiten stelle ich Ihnen zu weiteren Themen der Gesundheit die »klassische Methode« vor.

Physische Schmerzen heilen

Schmerzen sind ein Symptom. Sie sind ein Zeichen dafür, dass auf der psychischen Ebene etwas nicht in Ordnung ist. Ich bin der festen Überzeugung, dass es keine Krankheit und keine Schmerzen gibt, die nicht auf einer psychischen Ursache basieren. Das ist meine Erfahrung aus vielen Jahren Coaching- und Seminararbeit. Der Volksmund kennt Redewendungen, die uns helfen können zu verstehen, was uns die

Schmerzen sagen wollen. Denken Sie daran, dass Verstehen der erste Schritt zur Heilung ist.

Wenn Sie sich beispielsweise dauernd über etwas den Kopf zerbrechen, dann ist der Kopfschmerz nicht weit. Hängt Ihnen etwas zum Halse heraus, zeigen sich nicht selten Halsschmerzen. Wenn Ihnen etwas auf den Magen schlägt, dann hat es selten damit zu tun, dass Sie etwas Falsches gegessen haben, sondern vielmehr damit, dass Ihre Gefühlswelt ordentlich in Aufruhr geraten ist. Ihr Körper ist wieder einmal der perfekte Signalgeber. Versuchen Sie zu verstehen, was Ihnen Ihr Körper gerade mitteilen möchte.

Gerade eben haben Sie eine Übung kennengelernt, mit der Sie sich von dauerhaften Schmerzen befreien können, indem Sie Ihre Selbstheilungskräfte aktivieren. Jetzt kommt eine Übung zur Befreiung von Schmerzen auf Basis der klassischen Quantenheilung. Diese läuft so ab, wie Ihr erstes »Wunder« aus Kapitel 2:

Legen Sie einen Finger oder die ganze Hand auf die schmerzende Stelle bei Ihnen bzw. der anderen Person. Geht das aus physiologischen Gründen nicht, suchen Sie sich eine alternative Stelle, egal welche. Jetzt denken Sie an Ihre Absicht, z. B. »Heilung vollzogen«, »Arm voll beweglich« oder einfach nur »transformiert«. Es genügt, diese Absicht einmal innerlich auszusprechen. Legen Sie dann Ihre andere Hand oder einen Finger der anderen Hand auf ein gesundes Körperteil. Folgen Sie dazu wie immer Ihrer Intuition. Ihre zweite Hand findet ganz automatisch den richtigen Punkt. Konzentrieren Sie sich nur noch auf die Stellen, die Ihre Hände oder Finger berühren. Nun gehen Sie in das Quellbewusstsein. Halten Sie es so lange, bis Sie spüren, dass es genug ist. Die Dauer kann einige Sekunden bis hin zu 20 Minuten betragen. Die Erfahrung zeigt, dass es bei großen Schmerzen sinnvoll ist, die Zeit im Quellbewusstsein auszudehnen. Doch hatte ich auch schon Situationen, wo einige Sekunden reichten. Folgen Sie Ihrem Impuls. Sie spüren, wann es gut ist.

Das war es schon. Mehr braucht es nicht. Es sei denn, Sie haben das Gefühl, dass Sie noch einen weiteren Durchlauf benötigen. Führen Sie die Übung so häufig durch, bis Sie beim Berühren der zweiten Hand keine Resonanz mehr spüren. In vielen Fällen reicht ein einmaliger Einsatz jedoch aus.

Selbstverständlich können Sie diese Übung auch mit Tieren und Pflanzen durchführen. Es gibt Menschen, die damit sogar ihr Auto wieder zum Laufen bekommen haben. Der Anwendung sind keine Grenzen gesetzt. Das Schöne dabei ist, dass in dem Moment, in dem Sie im Quellbewusstsein verweilen, auch Ihr eigener Körper Heilung erfährt. Sie werden feststellen, dass es Ihnen guttut, mit anderen zu arbeiten und Heilimpulse zu setzen.

Verletzungen heilen

So, wie Sie eben Schmerzen geheilt haben, können Sie genauso gut Verletzungen heilen. Über Verletzungen versucht der Körper, sich Ruhe zu verschaffen. Mithilfe der Quantenheilung sind Sie in der Lage, den Heilungsprozess deutlich zu beschleunigen. Doch ist es gerade bei Verletzungen immens wichtig, im Vorfeld kinesiologisch zu testen, ob jetzt der richtige Zeitpunkt ist, die Heilung zu beschleunigen. Wenn der Körper noch Ruhe braucht, kann ein beschleunigter Heilungsprozess eher kontraproduktiv wirken. So kann es also gut sein, dass der Test negativ ausfällt. Gönnen Sie Ihrem Körper dann noch einige Zeit lang die notwendige Ruhe.

Im Falle eines positiven Ergebnisses führen Sie jetzt die »verlängerte Quantenheilung« durch. Bleiben Sie mindestens acht Minuten lang im Quellbewusstsein, gern deutlich länger. Wunden heilen schneller, selbst Knochen haben sich nach einem einfachen Bruch durch die Anwendung sehr schnell wieder zusammengefügt.
Wenn wir uns erlauben, dass Wunder möglich sind, passieren diese!

Doch möchte ich Sie an dieser Stelle noch einmal darauf hinweisen, dass wir diese Schmerzen oder Krankheiten haben, weil unser Körper uns auf etwas aufmerksam machen möchte: dass wir besser mit uns umgehen, mehr für uns sorgen, unseren Weg anstatt den der anderen gehen sollten etc.

Der Heilungsprozess allein genügt nicht. Wenn Sie Ihr Leben nach der Heilung nicht einer Wandlung unterziehen und Sie nicht das tun, worauf Sie Ihr Körper hingewiesen hat, werden die Symptome wiederkommen. Vielleicht nicht in der gleichen Form, sondern in einer anderen. Sehen Sie Ihren Heilungsprozess als ersten Schritt zu einer Veränderung Ihres Lebensstils – und ein erfülltes, glückliches und gesundes Leben ist Ihnen sicher. Auf diesen Aspekt gehen wir im nun folgenden Kapitel noch ausführlicher ein.

Quantenheilung und Liebe

»In dem Moment, wo wir beginnen,
uns selbst von ganzem Herzen anzunehmen,
öffnet sich das Tor der Liebe.
Egal, wohin wir dann schauen,
wir werden Liebe erfahren.«

Ob es um Beziehungsprobleme in der Partnerschaft geht, Konflikte im Team oder mit dem Chef, um das Ausbleiben der Karriere: Sowie ich mit meinen Coachingklienten in die Tiefe der Psyche abtauche, landen wir beim Thema »Selbstliebe«.

Woran mag das liegen? In der Regel sind unsere Prägungen aus der frühen Kindheit diejenigen, die unseren Mangel hervorrufen. Die meisten Verhaltens- und Glaubensmuster, Ängste und Unsicherheiten sind Resultate unserer Erfahrungen aus den ersten Lebensjahren. Wenn Sie also glückliche und erfüllte Beziehungen führen möchten, schauen Sie zurück, um zu verstehen, was Sie in den ersten Jahren Ihres Lebens über die Liebe generell erfahren haben. Diese frühen Erfahrungen prägen heute noch – unbewusst – Ihre Beziehungen.

Ein Baby benötigt sehr viel Liebe und Aufmerksamkeit. Doch können Eltern in unserer heutigen, schnelllebigen Zeit dies kaum gewährleisten. Meine Cousine hat sich für ihren Sohn eine achtjährige Auszeit genommen. Die Beziehung zwischen ihr und ihrem Sohn ist entsprechend erfüllt. Dem Sohn geht es sehr gut. Doch eine so lange Auszeit kann sich heute kaum eine Frau mehr erlauben.

Den Stress, den eine Mutter durch ihren »dreigeteilten« Tag hat – Beruf, Haushalt und Kind – bekommt das Kind selbstverständlich mit. Dem Vater ergeht es häufig nicht viel besser. Er kommt abends nach Hause und bekommt dann von der Ehefrau das Kind, weil sie sich ja schon eine ganze Weile darum gekümmert hat. Natürlich freut sich der Papa auf diese Aufgabe, doch fordert sie dennoch viel Aufmerksamkeit von ihm. So bleibt ihm kaum noch Zeit für sich selbst, was zu Unzufriedenheit führt. Und so kommt es, wie es kommen muss. Die unendliche Liebe, die das Kind in den ersten Wochen durch das dauerhafte Dasein der Eltern erhalten hat, ebbt ab. Hierbei geht es nicht nur um die Qualität, sondern auch um die Quantität. Das bekommt das Baby bereits mit und spürt, dass irgendetwas nicht in Ordnung ist. Es sieht in die Augen bzw. das Gesicht der Eltern und findet dort nicht mehr dauerhaft das ganz von Liebe erfüllte Gesicht wieder, welches es in den ersten Tagen ständig gesehen hat. Vielfach verbinden Babys, selbstverständlich unbewusst, dies mit sich selbst. Sie haben gelernt, dass ein strahlendes Gesicht der Eltern bedeutet: »Was ich tue, ist gut.« Ein entnervtes oder trauriges Gesicht steht für das Gegenteil. So erfährt der Mensch sehr früh, dass er einerseits nicht die Liebe bekommt, die er benötigt. Andererseits bekommt er das Gefühl, so, wie er ist, nicht gut zu sein – und das, obwohl die Eltern ihr Bestes geben.

Ein weiterer Grund für mangelnde Selbstliebe ist der, den ich in meiner Familie selbst erlebte. Meine Eltern entstammen der Kriegsgeneration. Im Krieg war für Liebe nur wenig Zeit. Hier hieß es nur: Überleben. So haben meine Mutter und mein Vater von ihren Eltern nicht lernen können, was Liebe wirklich bedeutet. Entsprechend konnten sie es genauso wenig an mich weitergeben.

Die Neuen Wissenschaften haben in ihren Forschungen eine außergewöhnliche Entdeckung gemacht. Ihre Erkenntnisse besagen, es reiche aus, dass eine Mutter zum Zeitpunkt der Zeugung oder während der Schwangerschaft nur einmal daran gedacht oder darüber gesprochen zu haben braucht, dass sie das Kind nicht haben möchte, es sich nicht leisten kann, oder gar eine Abtreibung in Betracht gezogen hat, damit das Kind sich unerwünscht fühlt. Die Mutter kann dem Kind später noch so viel Liebe zukommen lassen, diese frühe Prägung wird dennoch dafür sorgen, dass sich das Kind nicht wirklich geliebt oder angenommen fühlt. Als ich das in einem Vortrag des renommierten Biologen Dr. Bruce Lipton hörte, war ich sprachlos. Der Stempelabdruck des Nicht-gewollt-Seins prägt das gesamte Leben des Kindes. Die Wahrscheinlichkeit ist hoch, dass es sich später unbewusst Partner wählt, die dieses

Muster bestätigen. Die Partnerschaften halten selten lange. Die Person fühlt sich nicht wirklich geliebt mit dem Resultat, dass sie der Meinung ist, nicht beziehungsfähig zu sein.

Vor längerer Zeit war eine Coachingklientin bei mir, die genau mit dem Partner zusammenlebte, den sie sich immer gewünscht hatte. Und dennoch war sie mit ihm nicht glücklich. Ihr Verstand registrierte, dass alles gut sei. Doch ein unbewusst ablaufendes, frühkindliches Muster ließ nicht zu, dass meine Klientin in der Tiefe glauben konnte, ihr Partner meine es ernst. Eine andere Klientin hat aufgrund ihrer frühkindlichen Erfahrungen bis heute noch keine Beziehung gehabt. Sie ist mittlerweile 45 Jahre alt.

An diesen Beispielen lässt sich sehr gut erkennen, wie intensiv die Muster greifen, selbst wenn augenscheinlich alles da ist, was wir uns wünschen. Verständlich wird es, wenn wir wissen, dass wir nur zu 5% bewusst wahrnehmen. 95% unserer Handlungen laufen unbewusst ab.

Wenn Ihre Beziehungen nicht so funktionieren, wie Sie es sich wünschen, dann gehen Sie mit dem in Kontakt, was nicht funktioniert. Schauen Sie sich an, welchem Muster Sie folgen, wenn wieder etwas danebengeht. Reden Sie mit Ihrem Partner darüber auf eine ehrliche Art und Weise. Die meisten Beziehungen funktionieren schon allein deshalb nicht, weil beide nicht ehrlich miteinander reden.

Doch kommen wir zurück zum Thema »Selbstliebe«. Erforschen Sie sich: Woran mag es liegen, dass dieses Thema bei Ihnen mit einem Mangel belegt ist? Gehen Sie auch hier in Kontakt mit dem Schmerz, der in Ihnen steckt. Nutzen Sie dafür die Übung »Kontaktaufnahme« aus dem dritten Kapitel (siehe S. 36). Sie werden erstaunt sein, was alles zutage treten kann. Oftmals sind die frühen Erfahrungen zum Thema »Liebe« verschüttet. Oder Sie haben sie damals verdrängt, weil es für Sie zu schmerzhaft war. Kann Quantenheilung helfen, die Selbstliebe zu stärken? Selbstverständlich! Wenn Sie verstanden haben, weshalb der Mangel bei Ihnen vorhanden ist, können Sie folgende Übung durchführen:

Die Liebe heilen
Suchen Sie sich einen bequemen Platz, und schließen Sie die Augen. Lassen Sie den Gedanken »Liebe fließt und vermehrt sich« in Ihrem Denken auftauchen. Nur einmal, dann lassen Sie den Gedanken wieder ziehen. Gehen Sie nun mit Ihrer Aufmerksamkeit in das Quellbewusstsein. Nehmen Sie wahr, wie Sie ganz darin eintauchen. Während Sie die Schwingung des Bewusstseins aufrechterhalten, lassen Sie aus Ihrem Herzen die Energie der Liebe darin einfließen, indem Sie sich vorstellen, wie aus Ihrem Herzen ein grünes oder rosafarbenes Licht emporsteigt und mit der Schwingung des Quellbewusstseins verschmilzt. Halten Sie diese Energie zwei bis sieben Minuten lang aufrecht, und kommen Sie dann wieder in Ihr Tagesbewusstsein zurück.

Lassen Sie sich überraschen, welche Veränderungen sofort oder in der nächsten Zeit eintreten. Lassen Sie dabei Ihre Erwartungen aus dem Spiel, denn diese können leicht enttäuscht werden. Sie können die Übung gern häufiger durchführen, wobei der Heilungsimpuls bereits nach dem ersten Mal gesetzt ist.

Schmerz oder Freude

Erinnern Sie sich an das Gesetz der Resonanz: Worauf richten Sie innerhalb Ihrer Beziehungen Ihre Aufmerksamkeit?

- Sind Sie noch in der Lage, die schönen Seiten zu sehen?
- Erkennen Sie noch das, was Sie einst in Ihrem Partner gesehen haben?
- Richten Sie in Ihrer Beziehung den Fokus auf die leidvollen Aspekte oder auf die freudvollen?
- Was sehen Sie, wenn Sie in den Spiegel schauen? Die schönen Dinge an sich oder die Makel?
- Welche Gedanken kommen Ihnen, wenn Sie in den Spiegel schauen? Positive oder negative?
- Wenn Sie an Ihren Partner, Ihre Eltern, Kinder, Kollegen, Freunde usw. denken – was kommt Ihnen als Erstes in den Sinn?
- Usw.

Ergänzen Sie die Liste um Ihre eigenen Themenbereiche. Worauf richten Sie Ihren Fokus? Was wollen Sie sich in Ihren Beziehungen erschaffen? Allein die Entscheidung, ab heute die Aufmerksamkeit auf die schönen Seiten der Beziehung zu richten, kann diese deutlich verändern. Denken Sie erneut an die Sieben-Tage-Übung. Sie verändert auch Ihr Beziehungsleben.

Sollte Ihre Beziehung sehr verfahren sein, führen Sie folgende Übung durch:

> Schließen Sie Ihre Augen. Stellen Sie sich die Person vor, mit der Sie bislang noch eine schlechte Beziehung führen. Nehmen Sie sie ganz genau wahr. Jetzt sezieren Sie den Teil der Person, der Sie in der Vergangenheit häufig verletzt hat. Stellen Sie sich vor, wie Sie diesen abtrennen und beiseiteschieben. Was bleibt dann übrig? Können Sie die liebevolle Seite erkennen? Diese Seite gab es einst. Das war genau die Seite, die Sie so sehr geschätzt haben. Doch aus irgendeinem Grund wurde diese von negativen Gefühlen überlagert. Nehmen Sie die positive Seite genau wahr, und erinnern Sie sich daran, wie es damals gewesen ist. Glauben Sie tatsächlich, dass Sie heute einen anderen Menschen vor sich haben? Nein, es ist immer noch dieselbe Person. Es ist immer noch diejenige, die Sie einst liebten. Öffnen Sie wieder Ihre Augen – möglicherweise mit einer neuen Erkenntnis.

Je mehr Sie Ihre Aufmerksamkeit, Ihre Gedanken und Ihre Gefühle auf die positiven Dinge in Ihren Beziehungen richten, desto mehr werden sich diese verändern.

Das Spiegelgesetz

Wissenschaftler haben um die Jahrtausendwende herum herausgefunden, dass wir sogenannte Spiegelneuronen in uns tragen. Diese sorgen einerseits dafür, dass wir fühlen können, was andere fühlen. Wir nennen das Mitgefühl. Andererseits spiegeln wir uns auch in dem anderen. Das bedeutet, dass all das, was wir an dem anderen nicht mögen, lediglich ein Spiegel unseres Selbst ist. Kennen Sie den Ausspruch »Wenn du mit einem Finger auf jemanden zeigst, schauen immer drei Finger zu dir zurück«? Er verbildlicht das, was das Spiegelgesetz aussagt. Wenn Sie also irgendetwas an einer Person nicht mögen, beispielsweise an Ihrem Partner, dann sollten Sie sich zukünftig folgende Frage stellen: »Was hat das mit mir zu tun?« Als ich in einem Seminar eine Übung hierzu durchführte, wurde mir vieles über mich selbst bewusst. Die drei Finger, die auf mich zurückzeigten, legten in dem Moment einen Teil bisher verdeckter Aspekte meines Selbst offen. Denn das zeichnet die Dinge aus, die wir in dem anderen sehen. Es sind genau die Aspekte, die wir in uns bisher noch nicht erkannt haben oder nicht sehen wollen.

Befreiung von Ängsten und Überzeugungen

Welche Ängste haben Sie in Bezug auf Ihre Partnerbeziehung? Schauen Sie sich Ihre Ängste ganz genau an. Welche versteckte Überzeugung könnte dahinterliegen? Wenn Sie beispielsweise die Angst haben, dass Ihr Partner Sie nicht wirklich liebt, kann es vielleicht sein, dass Sie eine unbewusste Überzeugung haben, die lautet: »Ich bin es nicht wert, geliebt zu werden.« Haben Sie Angst davor, dass Ihr Partner Sie verlassen könnte? Haben Sie dies schon des Öfteren erlebt und sind deswegen äußerst eifersüchtig? Kann es sein, dass dahinter eine versteckte Überzeugung mit dem Glaubenssatz »Ich bin nicht liebenswert, daher verlassen mich die Menschen« liegt?

Eine Überzeugung, die Sie sich in der Regel in Ihrer Kindheit bewusst oder unbewusst angeeignet haben, sorgt dafür, dass in Ihrem Leben genau das geschieht, was Ihre Überzeugung ist. Immer und immer wieder. Das ist wie in dem Film *Und täglich grüßt das Murmeltier*. Es geschieht so lange, bis Sie Ihre Überzeugung verändern. Erforschen Sie die Überzeugungen hinter Ihren Beziehungsängsten. Lernen Sie sich wiederum ein Stück näher kennen. Vielleicht finden Sie sogar heraus, woher diese Überzeugungen stammen.

Haben Sie Ihre Überzeugungen entdeckt und haben Sie verstanden, wie diese Ihr Leben beeinflussen, können Sie darangehen, diese Überzeugungen zu verändern. Mit der Quantenheilung können Sie Ihrer Überzeugung die Kraft nehmen, damit Sie anschließend die Chance haben, diese zu verändern.

> Überlegen Sie sich als Erstes Ihre Absicht. Wenn bislang Ihre unbewusste Überzeugung »Ich bin es nicht wert, einen tollen Partner zu haben« gelautet hat, dann könnte Ihre Absicht »gesteigertes Selbstwertgefühl« lauten. Finden Sie nun die Stelle an Ihrem Körper, wo Sie bezüglich Ihres mangelnden Selbstwertes ein merkwürdiges Gefühl haben. Lassen Sie dann Ihrer Intuition freien Lauf, und finden Sie mit der anderen Hand den zweiten Punkt – entweder an Ihrem Körper oder innerhalb Ihres Energiefeldes – sodass beide Hände miteinander resonieren. Konzentrieren Sie sich ab diesem Zeitpunkt lediglich auf Ihre beiden Hände, lassen Sie alles andere aus Ihrem Bewusstsein verschwinden. Spüren Sie, wie sich die beiden Punkte unter Ihren Händen miteinander synchronisieren. Sie können z.B. ein Kribbeln spüren oder einfach nur eine Veränderung Ihres Gefühls wahrnehmen. Halten Sie dann diese Energie. Ganz automatisch befinden Sie sich im Quellbewusstsein. Irgendwann fühlen Sie, dass es gut ist. Das war es dann schon.

Können Sie nun wahrnehmen, dass Ihre ursprüngliche Überzeugung an Kraft verloren hat? Dann geht es jetzt daran, die Überzeugung zu verändern. Nehmen Sie sich hierfür noch einmal Ihre alte Überzeugung, die ja gerade an Kraft verloren hat, vor. Überlegen Sie sich dann, wie die neue Überzeugung lauten soll. Bleiben wir bei dem obigen Beispiel: »Ich bin es nicht wert, einen tollen Partner zu haben.« In der veränderten Version könnte diese lauten: »Ich bin ein wertvoller Mensch und ziehe liebevolle Partner an.« Konzentrieren Sie sich auf Ihre neue Überzeugung, und spüren Sie sich in diese hinein. Wie fühlt sie sich an? Können Sie die neue Variante annehmen oder wehrt sich Ihr »System« dagegen? Auch hier gilt es wieder, ehrlich zu sich selbst zu sein. Natürlich wird Ihnen Ihr Verstand vorgaukeln, dass diese neue Überzeugung ganz klar zu Ihnen gehört. Doch wozu hatten Sie dann die alte? Ihr Unterbewusstsein ist immer stärker als Ihr Bewusstsein. Bei einem Verhältnis von 95 % zu 5 % ist das kein Wunder. Seien Sie also ehrlich, und erspüren Sie genau, wie Ihre neue Überzeugung sich anfühlt.

Fühlt diese sich nicht gut an, dann gehen Sie in Kontakt mit diesem »unguten« Gefühl, so, wie Sie es in Kapitel 3 (siehe S. 36) gelernt haben. Fragen Sie das Gefühl, was es braucht, damit es sich besser fühlen kann. Auch hier gilt: Vertrauen Sie Ihrer Intuition, selbst wenn der Verstand die Antwort nicht gleich verstehen kann.

Ist es so weit, dass sich das Gefühl stimmig anfühlt, gilt es, die alte Überzeugung gegen die neue auszutauschen: So, wie eine alte Software gegen eine neue ausgetauscht wird. Das Programm hat sich einfach überholt. Es war damals gut und wichtig, doch gibt es heute ein anderes, das besser funktioniert. Sie glauben nicht, dass das funktioniert? Lassen Sie sich überraschen.

Diese Übung benötigt Ihre ganze Wahrnehmung. Schließen Sie Ihre Augen. Nehmen Sie dann Ihr Energiefeld wahr, das Sie umgibt – das sogenannte Quantenhologramm. Irgendwo innerhalb Ihres Energiefeldes finden Sie die Energie für Ihre bisherige Überzeugung. Nehmen Sie diese genau wahr, ganz egal, ob Sie sie fühlen, innerlich sehen oder hören können. Dann lenken Sie Ihre Aufmerksamkeit auf Ihre neue Überzeugung. Auch diese befindet sich in Ihrem Hologramm. Haben Sie auch diese geortet, formulieren Sie Ihre Absicht, z. B. »neue Überzeugung integriert«, »alt ist neu« oder einfach nur »verändert«. Jetzt fokussieren Sie sich nur noch auf Ihr altes und Ihr neues Programm. Alles andere verschwindet, und Sie gelangen ins Quellbewusstsein. Der Moment der Synchronisation geschieht. Sie werden wissen, wann es genug ist. Öffnen Sie dann wieder die Augen.

Machen Sie einen Augenblick Pause. Dann kommt der Test. Erinnern Sie sich an Ihre alte Überzeugung. Was passiert? Gibt es noch eine Resonanz? Wahrscheinlich nicht mehr. Wenn doch, dann warten Sie einfach einen Tag ab. Erinnern Sie sich sodann erneut an Ihr altes Programm. Hat sich immer noch nichts geändert, wiederholen Sie die Übung einige Male; so lange, bis Sie lediglich noch eine Resonanz beim neuen Programm wahrnehmen; so lange, bis sich das neue Programm so richtig gut anfühlt.

Wie steht es denn jetzt um Ihre Beziehungsangst? Ist sie immer noch so stark oder hat sich eventuell auch diese verändert? Ist sie schwächer geworden? Das wäre nur natürlich. Ist das nicht der Fall, so gibt es selbstverständlich auch hierfür eine Quantenheilungsübung, die Sie nutzen können. Doch gehen Sie im Vorfeld wiederum in Kontakt mit Ihrer Angst, und finden Sie heraus, wozu sie gut ist und worauf Sie sie aufmerksam machen möchte.

Kommen wir zur Übung. Fragen Sie sich zuerst, was Sie stattdessen haben möchten. Ist es Leichtigkeit, Freude, Entspannung oder Frieden? Finden Sie es heraus. Lokalisieren Sie nun, wo Sie Ihre Angst in Ihrem Körper wahrnehmen. Formulieren Sie Ihre Absicht, und legen Sie eine Hand auf die Stelle, wo Sie die Angst spüren. Die andere Hand findet wie immer automatisch einen Punkt, der sich anders anfühlt und zugleich passend zum ersten ist. Synchronisieren Sie jetzt beide Punkte und baden Sie so lange im Quellbewusstsein wie notwendig. Sie werden wahrscheinlich schon in diesem Moment spüren, wie sich das Gefühl der Angst verändert.

Herzlichen Glückwunsch! Erneut haben Sie ein kleines Wunder erschaffen. Viel Freude auf dem Weg in ein erfülltes Beziehungsleben.

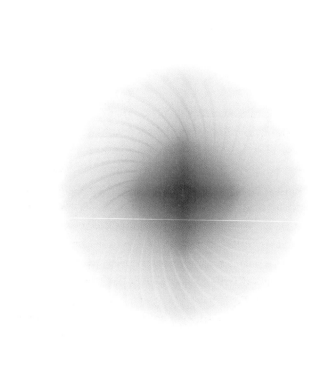

Quantenheilung und Erfolg

»Erfolg ist menschlich.«

Zu Beginn dieses Kapitels möchte ich Ihnen eine Geschichte erzählen: Lydia entstammt einer Unternehmerfamilie. Dadurch stellte sie schon in frühen Kinderjahren fest, dass es wichtig ist, viel und hart zu arbeiten, um erfolgreich zu sein. Ihre Eltern gingen früh zur Arbeit und kamen recht spät wieder davon zurück. Somit sah sie ihre Eltern lediglich kurz am Abend und am Wochenende. Betreut wurden sie und ihr Bruder von einer Haushälterin, die den ganzen Tag bei ihnen war. Irgendwie war diese viel mehr wie eine Mutter als ihre wirkliche Mama, die viel unterwegs war. Geldprobleme gab es nicht, denn schließlich arbeiteten ihre Eltern entsprechend hart, damit sie den Kindern und sich ein Leben in Wohlstand erlauben konnten. Abgesehen davon, dass ihre Eltern wenig da waren, ging es Lydia gut. Sie hatte nach der Schule, die recht anstrengend war, immer noch Zeit für Freunde und Sport. Selbstverständlich machte Lydia Leistungssport und ging viermal die Woche zum Training. Nach dem Abitur, für das sie ordentlich büffeln musste, studierte sie und bekam alsbald einen guten Job. Natürlich fing sie früh an zu arbeiten und kam spät nach Hause. Mit der Zeit verloren sich ihre Freundschaften, für die sie jetzt nur noch wenig Zeit hatte. Doch konnte sie sich dafür teure Opernbesuche, ein schickes Auto und luxuriöse Urlaubsreisen leisten. Um in ihrer Karriere weiterzukommen, was ihr sehr wichtig war, musste sie sich noch mehr ins Zeug legen. Irgendwann wurde ihr dieser Kampf zu viel und sie kündigte, um anschließend im Geschäft der Eltern zu arbeiten. Ihre Eltern nahmen Lydia gern auf, doch anstatt, wie sie gehofft hatte, nun weniger arbeiten zu müssen, erwarteten ihre Eltern mit der Zeit noch mehr von ihr, als sie bei der Stelle zuvor hatte leisten müssen. Nach zwei Jahren hatte sie die Nase voll und machte sich selbstständig. So hatte sie die Möglichkeit, sich ihre Zeit selbst einzuteilen. Doch aus irgendeinem Grunde hatte sie nach kurzer Zeit so viele Aufträge, dass sie kaum hinterherkam.

Eines Nachts träumte Lydia Folgendes: Sie lief. Sie spürte, dass sie irgendetwas hinterherlief, wusste jedoch nicht genau, was es war. Als sie genauer hinsah, erkannte sie, dass sie ihrem Erfolg hinterherlief. Sie lief schneller und schneller, um ihn einzuholen, doch je schneller sie lief, desto schneller wurde auch der Erfolg. Mit einem Mal stolperte sie und fiel zu Boden. Als sie wieder aufstehen wollte, um weiterzulaufen, stand ein Mann vor ihr. Er fragte sie, was sie da tue. Als er ihre Antwort vernahm, lachte er laut auf. Lydia war verwirrt und fragte, weshalb der Mann lache. Einen Augenblick lang hielt der Mann inne und antwortete dann: »Du läufst so schnell, dass du die Zeichen nicht siehst.« – »Welche Zeichen?«, frag-

te Lydia. – »Überall am Wegesrand gibt es Zeichen, wie du eine Abkürzung zum Erfolg nehmen könntest. Doch bist du so sehr darauf aus, dem Erfolg hinterherzulaufen, dass du keinen Blick für diese Zeichen hast«, erwiderte der Mann. – »Welche Zeichen sind das genau und was zeigen sie mir?«, fragte Lydia.
Und der Mann fing an zu erzählen. Viel später, als er fertig war mit seinen Ausführungen, bedeutete er ihr schließlich, sich umzudrehen. Hinter ihr stand der Erfolg. Er war so schnell geworden, dass er sie schließlich überholte. Als Lydia aus ihrem Traum erwachte, konnte sie sich noch sehr gut an den letzten Satz erinnern, den der Mann ihr gesagt hatte. Es war ein Zitat von Konfuzius: »Wenn du es eilig hast, gehe langsam.« Sie nahm sich den ganzen Tag frei, um nur eines zu tun: ihr Leben zu überdenken.

Wozu erzähle ich Ihnen diese Geschichte? Ganz einfach. Wir sitzen – auch heute noch – in Bezug auf Erfolg einem Mythos auf. Dieser Mythos besagt, dass man, um wirklich erfolgreich zu sein, kämpfen müsse. Es heißt, man müsse sich verbiegen, um Karriere zu machen, an seine Leistungsgrenze gehen und einen Großteil seiner Zeit dem Job widmen.

Willkommen in der Neuzeit. Denn auch wenn die meisten Menschen noch diesem alten Mythos folgen, gibt es einige, die dem neuen Weg folgen: intelligent erfolgreich zu sein.

Die Weisheiten des Erfolgs

Was hat der Mann Lydia in seinem Traum erzählt? Er zeigte ihr die Weisheiten des Erfolgs auf. Die wichtigsten zehn davon möchte ich Ihnen in diesem Buch nennen.

- Übernehmen Sie zu 100 % Verantwortung in Ihrem Leben.
- Folgen Sie Ihrer inneren Stimme.
- Achten Sie auf Ihren Fokus.
- Ihr Glaube bestimmt Ihr Leben.
- Für das, was Sie tun, sollten Sie größte Leidenschaft empfinden.
- Seien Sie mutig, und handeln Sie trotz Angst und Zweifeln.
- Entwickeln Sie schnelle Entschlusskraft.
- Handeln Sie!
- Bleiben Sie am Ball.
- Seien Sie dankbar für alles, was Ihnen widerfährt.

Wenn Sie diesen zehn Weisheiten folgen und obendrein die Quantenheilung einsetzen, wird es Ihnen sehr schwerfallen, nicht erfolgreich zu sein.

Ich werde hier auf jeden Aspekt nur kurz eingehen, weil es sonst den Rahmen des Buches sprengen würde. Die erfolgreichsten Menschen folgen diesen Weisheiten. Konsequent!

Selbstverantwortung

Die meisten Menschen fühlen sich als Opfer. Alle anderen haben Schuld an der Situation, in der sich das Opfer gerade befindet. Die Regierung ist schuld, das Finanzamt, die schlechte Wirtschaftslage, die Eltern, der Partner und so weiter und so fort. Nehmen wir einmal an, es wäre tatsächlich so. Was würde es ändern? Nichts! Sie ständen immer noch da, wo sie jetzt stehen. Doch ist es eine Illusion, dass andere an ihrer Misere schuld sind. Denn trotz der Regierung, des Finanzamtes, der schlechten Wirtschaftslage, der Eltern oder des Partners gibt es einige Menschen, die erfolgreich und glücklich sind. Woran kann das liegen? Wohl kaum an »den anderen«, denn die Ausgangslage ist bei diesen auch nicht anders als bei ihnen.

Diese Menschen übernehmen Verantwortung und handeln auf leicht andere Weise. Das ist alles. Sie jammern nicht, beschuldigen weder sich noch andere, verurteilen und bewerten niemanden, sind nicht neidisch und rechtfertigen sich nicht. *That's it.* Sie finden eine Lösung. Übernehmen also auch Sie zu 100% Verantwortung in Ihrem Leben. Entwickeln Sie sich vom Opfer zum Schöpfer. Wenn es stimmt, was in der Bibel steht, dass Gott uns nach seinem Ebenbild erschaffen hat, dann steckt deutlich mehr Potenzial in uns, als wir uns bisher zugetraut haben. Auf ins Schöpferdasein!

Die innere Stimme

Unser Verstand kann nur aus dem schöpfen, was er gelernt hat. So ist unser Gehirn konzipiert. Es bilden sich mit jedem neuen Wissen neue neuronale Netzwerke. Doch ist dieses Wissen begrenzt, weil es sich ja lediglich um das handelt, was Sie in Ihrem Leben aufgenommen haben. Das ist der Grund dafür, dass einige Menschen vor einem Abgrund Angst haben, während andere genüsslich hinunterschauen. Ihre Erfahrungen sind andere. Das beste Beispiel sind kleine Kinder. Sie sind noch wenig vom Leben geprägt und machen einfach das, wonach ihnen der Sinn steht. Ihr Verstand ist noch recht leer. Die Neuen Wissenschaften haben herausgefunden, dass ein Kind erst mit sechs Jahren ein eigenes Bewusstsein aufbaut.

Mit unserer Intuition sieht es da ganz anders aus. Hier kommen die Ergebnisse des HeartMath Institutes in Kalifornien ins Spiel, die besagen, dass unser Herz mit allem verbunden ist. Andere wiederum sagen, dass in unserem Herzen unsere Seele wohnt, die alles weiß. Wie herum auch immer wir es sehen mögen: Fakt ist, dass unser Herz klüger ist als unser Verstand. 100% aller intuitiven Entscheidungen sind richtig, selbst wenn es anfänglich anders auszusehen scheint.

Fokus

Hierüber habe ich schon ausführlich geschrieben (siehe S. 45). Die Energie folgt der Aufmerksamkeit. Richten Sie Ihren Fokus auf das, was funktioniert – auf die Fülle statt auf den Mangel. Hier erinnere ich auch gern noch einmal an die Sieben-Tage-Übung aus Kapitel 4 (siehe S. 46).

Glaube

Der Glaube versetzt Berge, sagt der Volksmund. Und die Wissenschaft bestätigt das unter anderem durch den Placebo-Effekt. Rund ein Drittel aller medizinischen Heilungen beruhen auf diesem Effekt, so die Mediziner. Oder nehmen Sie z. B. Bill Gates: Er hatte den festen Glauben daran, dass eines Tages in jedem Haushalt ein PC stehen werde, auf dem seine Software läuft. Dieser tiefe Glaube hat ihn zu einem der reichsten Menschen der Welt gemacht. Spitzensportler gehen mit dem starken Glauben an den Sieg an den Start. Das verleiht ihnen eine unbändige Kraft. Woran glauben Sie?

Passion

Es ist die Leidenschaft und Freude, die die Menschen zu Leistung anspornt. Jeder kennt das vom eigenen Hobby. In der Passion verlieren sich Raum und Zeit. Dann ist Liebe mit im Spiel, tiefes Gefühl, Entzückung, Leichtigkeit und Schöpferkraft. Für Aufgaben, die ein Mensch mit Leidenschaft angeht, benötigt er keinen Ansporn. In der Passion befinden wir uns auf unserem Weg. Derjenige, der sein Hobby zum Beruf macht, ist in seiner Berufung. Stellen Sie sich daher die Frage, worin Ihre Leidenschaft steckt. Was ist es, wofür Sie brennen, wofür es sich lohnt, jeden Tag immer wieder aufzustehen. Je mehr Sie hier forschen, desto eher kommen Sie Ihrer Berufung auf die Spur. Wahrscheinlich können Sie sich nur allzu gut vorstellen, dass Sie in Ihrer Berufung gar nicht anders können, als erfolgreich zu sein. Und wo Erfolg ist, ist Wohlstand nicht weit entfernt. An diesem Punkt möchte ich Ihnen eine Übung vorstellen, mit der Sie noch nicht genutzte Potenziale aktivieren können, die Ihren leidenschaftlichen Weg unterstützen.

Das eigene brachliegende Potenzial freilegen

Welche Potenziale und Fähigkeiten benötigen Sie, um das zu erreichen, was Sie wollen? Erstellen Sie sich hierzu eine Liste. Notieren Sie alle Fähigkeiten, die Sie Ihrer Meinung nach benötigen. Testen Sie sodann mithilfe des kinesiologischen Tests, welches Potenzial tatsächlich jetzt gerade für Sie notwendig ist. Die Übung hierzu habe ich Ihnen in Kapitel 3 (siehe S. 40) vorgestellt. Stellen Sie sich hierzu die Frage: »Benötige ich … (Ihr Potenzial bzw. Ihre Fähigkeit), um … (Ihr Ziel o. Ä.) zu erreichen?« Lassen sich Ihre Finger schwer zusammendrücken, sind Sie dem richtigen Potenzial auf der Spur. Lassen sie sich leicht zusammendrücken, dann ist vielleicht der Wunsch da, doch es besteht keine Notwendigkeit.

Stellen Sie sich jetzt so vor Ihr Bett oder vor einen Sessel, dass Sie im Fall der Fälle weich nach hinten fallen können. Sollte es sein, dass Sie während der Übung das Gefühl haben, nach hinten gezogen zu werden oder dass Ihre Knie weich werden, dann lassen Sie sich ruhig fallen, selbst wenn Sie noch mitten in der Übung sind. Das ist völlig in Ordnung. In meinen Seminaren ist es des Öfteren passiert, dass Teilnehmer umgefallen sind, noch bevor ich überhaupt begonnen habe. In dem Moment reichte es allein schon aus, an das Resultat zu denken.

Denken Sie jetzt an das Potenzial, das Sie freilegen möchten (z. B. Mut, Gelassenheit, innerer Frieden oder Kraft). Legen Sie eine Hand an eine Stelle Ihres Körpers, die Ihnen intuitiv einfällt oder wo Sie das Gefühl haben, dass die Hand dort jetzt gerade hingehört. Mit Ihrer anderen Hand ertasten Sie in Ihrem Energiefeld die Stelle, wo das Potenzial vorhanden ist, denn dieses befindet sich bereits in Ihrem Energiefeld. Sie wissen ja, alles ist bereits vorhanden. Es kann sein, dass Sie ein leichtes Kribbeln spüren oder auf einmal irgendetwas anders ist als vorher. Vielleicht sagt Ihnen Ihre innere Stimme, wo der richtige Punkt ist. Nehmen Sie ab diesem Moment, wie immer, einfach nur Ihre beiden Hände wahr. Dadurch kommen Sie automatisch in das Quellbewusstsein. Denken Sie kurz »Potenzial freigelegt« und genießen Sie den Moment.

Nehmen Sie wahr, was passiert. Wenn Sie umgefallen sind, bleiben Sie einen Moment liegen und genießen Sie das, was gerade passiert (ist). Wiederholen Sie die Übung so lange, bis Sie mit Ihrer zweiten Hand keine Resonanz mehr verspüren.

Mut

Hier trennt sich die Spreu vom Weizen. Erfolgreiche Menschen fangen dort an, wo andere aufgeben. Sie lassen sich durch Fehlschläge nicht von ihrem Weg abbringen. Erfolgreich sein bedeutet, einmal mehr aufzustehen, als man hingefallen ist. Erfolgreiche Menschen handeln trotz Angst, trotz Zweifeln und Sorgen.

Sie möchten gern mutiger sein? Gerade eben haben Sie eine Übung kennengelernt, mithilfe derer Sie Ihr brachliegendes Potenzial an Mut freilegen können. Sie brauchen also kein Krieger zu werden, um mutiger zu sein.

Schnelle Entschlusskraft

Dies ist eine Qualität, die die Deutschen nicht sonderlich gut beherrschen. Das liegt an ihrem Perfektionsdrang. Sie wollen immer alles besonders gut machen, wägen ab und analysieren lieber einmal mehr als einmal weniger. Z. B. die US-Amerikaner verhalten sich diesbezüglich anders. Wenn Microsoft eine neue Version von Windows erstellt, wird sie relativ schnell auf den Markt gebracht. Die Nutzer weisen in der Folgezeit Microsoft zügig darauf hin, was es zu verbessern gibt. Wir Deutschen perfektionieren so lange, bis die Version möglichst fehlerfrei ist. Mit dem Ergebnis, dass mögliche Chancen verstrichen sind. Erfolgreiche Menschen sind keine Zauderer. Wenn eine Entscheidung zu fällen ist, dann tun sie es, selbst wenn es in dem Moment nicht die allerbeste Entscheidung ist. Doch sie haben den Moment genutzt. Fehler können auf dem Weg behoben werden. Stellen Sie sich also die Frage, was Sie abwarten lässt. Wozu ist es Ihnen wichtig, abzuwarten? Gibt es vielleicht einen Glaubenssatz, besonders gut sein zu wollen, um Aufmerksamkeit zu erhalten? Mussten Sie sich mit Ihrem Perfektionsdrang die Liebe Ihrer Eltern erkaufen? Verändern Sie es, damit Erfolg leichter in Ihr Leben kommen darf. Die Übung »Überzeugungen verändern« kennen Sie bereits (siehe S. 62).

Handeln

Einer der häufigsten Gründe dafür, dass Menschen nicht erfolgreich sind, ist der, dass sie nicht ins Handeln kommen. Sie wissen, dass sie etwas verändern müssen, um erfolgreich zu werden, doch tun sie es nicht. Mein Zahnarzt erzählte mir von einigen Kollegen, die bis zum Schluss, bis zum Zeitpunkt der Insolvenz, so weiterarbeiteten, wie sie es gewohnt waren. Die »Leidensgrenze« in unserer deutschen Kultur liegt sehr hoch. Oftmals muss ein »Schock« her, bevor die Menschen aufwachen und handeln. Handeln Sie, wie weiter oben beschrieben, trotz aller Widrigkeiten. Sie werden dafür belohnt werden. Das zeigen Tausende von Beispielen. Mehr zum Thema »Handeln« erfahren Sie im Kapitel »Quantenheilung und Spiritualität«.

Beständigkeit

Weshalb sind Spitzensportler so erfolgreich? Sie üben jeden Tag – ihr Ziel immer vor Augen. Schon der Volksmund sagt: »Steter Tropfen höhlt den Stein.« Viele Menschen verlieren irgendwann den Glauben an sich selbst und ihr Projekt, wenn sie ihrem Ziel nicht näherkommen. Das ist der Grund, weshalb es trotz Zigtausender Erfolgsbücher nur so wenige wirklich erfolgreiche Menschen gibt. Disneyland wäre nie entstanden, wäre Walt Disney nicht seinem Ziel treu geblieben. Er ging zu über 350 Banken, um die Finanzierung für seinen Traum zu erhalten. Nelson Mandela verfolgte trotz 20 Jahren Gefängnisaufenthalts seine Vision und wurde ebenfalls belohnt. Es gibt Hunderte, wenn nicht gar Tausende solcher Beispiele, im Kleinen wie im Großen.

Dankbarkeit

Überall kann man lesen, wie wichtig es ist, dankbar zu sein. Dankbarkeit hat eine große Kraft. Oftmals fällt es uns leicht, für die guten Dinge dankbar zu sein. Doch gerade auch für die Momente, die uns Ärger und Leid bescheren, ist es wichtig, dankbar zu sein. Denn letztendlich möchten uns diese Situationen lediglich auf etwas hinweisen. Erkennen wir dies, ist der Hinweis ein großes Geschenk. Sicherlich kennen auch Sie viele Situationen aus Ihrem Leben, in denen Sie rückblickend dankbar waren. Wenn wir ehrlich sind, hat uns jede Situation zu dem Menschen gemacht, der wir heute sind. Auch wenn der Verstand das nicht immer nachvollziehen kann, so hat jeder Aspekt unseres Lebens einen Sinn. Dafür lohnt es sich, im jeweiligen Moment dankbar zu sein.

Das Dankbarkeitsritual

Bedanken Sie sich jeden Morgen direkt nach dem Aufstehen für all das, was im Laufe des Tages geschehen wird oder geschehen soll. Bedanken Sie sich für Ihre Gesundheit, für Ihr So-Sein, Ihre Gaben, Ihren Erfolg usw. – und zwar so, als wäre es bereits Realität. Bedanken Sie sich dann vor dem Einschlafen für all die Erlebnisse des Tages, die Ihnen widerfahren sind – für die großen und die kleinen, für die schönen und die ärgerlichen.

Jetzt kennen Sie die wichtigsten Weisheiten des Erfolgs. Wenn Sie diese beherzigen, kommen Sie nicht umhin, erfolgreich zu werden. Sollte es dennoch Blockaden geben, die Sie von Ihrem Erfolg abhalten, spüren Sie diese auf und gehen Sie mit ihnen in Kontakt. Seien Sie neugierig, und lernen Sie sich noch tiefer kennen.

Zielerreichung vereinfachen

In jedem Erfolgsbuch können Sie nachlesen, dass es wichtig ist, schriftlich fixierte Ziele zu haben. Sie wissen auch, dass Sie diese Ziele beständig und fokussiert verfolgen sollten. Selbstverständlich können Sie mithilfe der Quantenheilung die Erreichung Ihres Zieles vereinfachen. Hierzu verwenden Sie die folgende Übung:

Setzen Sie sich auf einen Stuhl oder legen Sie sich hin. Schließen Sie Ihre Augen. Atmen Sie ein paar Mal tief durch, und nehmen Sie wahr, wie Sie sich mit jedem Atemzug mehr und mehr entspannen können. Wenn Sie angenehm entspannt sind, visualisieren Sie Ihr Ziel so, als hätten Sie es bereits erreicht. Sehen Sie das erreichte Ziel vor Ihrem inneren Auge.

Steigen Sie dann in das Bild hinein, sodass Sie »live« dabei sind. Fühlen Sie sich jetzt im Ziel? Nehmen Sie sich genau wahr. Gehen Sie dann in Ihrem Ziel in das Quellbewusstsein und sprechen Sie innerlich folgende Worte aus: »Ziel leicht erreicht.« Bleiben Sie eine Weile im Quellbewusstsein, und spüren Sie dann nach. Was hat sich verändert? Kommen Sie zum Schluss wieder in Ihr Tagesbewusstsein zurück, und öffnen Sie entspannt Ihre Augen.

Seien Sie in der kommenden Zeit aufmerksam für die Impulse, die sich auf Ihrem Weg zum Ziel ergeben. Oftmals ereignen sich auf Ihrem Weg die merkwürdigsten Begebenheiten, die Sie näher an das Ziel heranführen. Schärfen Sie Ihre Wahrnehmung für diese Impulse, indem Sie achtsamer werden.

Reichtum erfahren

Abschließen möchte ich dieses Kapitel mit dem für viele Menschen so wichtigen Thema »Reichtum«. Die meisten wünschen sich ihn, die wenigsten haben ihn. Woran kann das liegen? Dafür gibt es ganz unterschiedliche Gründe. Sie alle anzusprechen würde den Rahmen des Buches sprengen. Doch möchte ich ein paar anführen. Am einfachsten ist es, sich anzuschauen, was Sie in Ihrer Kindheit in Bezug auf das Thema »Geld« gelernt haben. War Geld positiv oder negativ belegt? Stellen Sie sich folgende Fragen:

- Was haben Sie über Geld gelernt?
- Was haben Sie über reiche Menschen gelernt?
- War der Mangel bei Ihren Eltern verankert, und wenn ja, wie tief?
- Wie haben Ihre Eltern bzw. diejenigen, die Sie damals erzogen haben, über Geld bzw. reiche Menschen gesprochen und gedacht?

In einem meiner Workshops erarbeite ich mit meinen Teilnehmern eine Strategie, wie sie das, was sie sich wünschen, auch in ihr Leben holen. Hier schauen wir uns unter anderem die Überzeugungen an, die die Teilnehmer über Geld und reiche Menschen haben. Ich bin immer wieder erstaunt, wie viele negative Glaubenssätze es zum Thema Reichtum gibt, so z. B.:

- Geld ist die Wurzel allen Übels.
- Geld wächst nicht auf Bäumen.
- Geld hat etwas Dreckiges, Schlechtes an sich – wie die Leute, die viel davon haben.
- Geld stinkt.
- Reichen kann man nicht trauen.
- Reiche haben ihr Geld doch meistens auf illegalem Wege erworben.
- Reiche haben andere unterdrückt, um an ihr Geld zu kommen.
- Geld verdirbt den Charakter.
- Man kann nicht viel Geld verdienen und gleichzeitig spirituell sein.

- Spare in der Zeit, dann hast du in der Not.
- Man muss für schlechte Zeiten sparen.
- Man muss härter arbeiten, um mehr zu verdienen.
- Man muss sein Geld im Schweiße seines Angesichts verdienen.
- Man kann nicht alles haben.
- Das Leben ist ein Kampf.
- Alles hat seinen Preis.
- Von nichts kommt nichts.
- Geld allein macht nicht glücklich.
- Das können wir uns nicht leisten.

Dies ist lediglich ein Ausschnitt aus den vielen Überzeugungen, die es gibt. Kennen Sie einige davon? Wahrscheinlich sogar viele. Glauben Sie, dass Sie mit solchen Glaubensmustern in der Lage sind, das große Geld zu verdienen? Wohl kaum! Können Sie jetzt nachvollziehen, warum Sie sich anstrengen können, wie Sie wollen? Mit solchen Überzeugungen können Sie auf keinen grünen Zweig kommen. Reiche Menschen haben andere Glaubensmuster. Für sie ist es völlig selbstverständlich, reich zu sein.

Also gilt es wieder einmal, diese Muster zu verändern. Wie Sie Ihre Überzeugungen verändern können, wissen Sie bereits. Doch wie können Sie Ihren Geldfluss verstärken? Dazu gibt es verschiedene Übungen. Eine davon möchte ich Ihnen hier vorstellen. Doch führen Sie diese erst dann durch, wenn Sie sich sicher sein können, dass Sie Ihre Überzeugungen und Ängste verändert haben. Ansonsten wird Ihr Geldfluss weiterhin ein spärliches Rinnsal bleiben.

Den Geldfluss verstärken

Stellen Sie sich aufrecht hin, und schließen Sie die Augen. Konzentrieren Sie sich auf Ihren Geldfluss. Wie stellt er sich Ihnen dar? Ist er eher dunkel bis schwarz, dann verändern Sie die Farbe in Gold. Ist er eher leicht und dezent, dann suchen Sie den Hahn und drehen Sie diesen auf. Ist er schmal, so dehnen Sie ihn aus, machen Sie ihn breiter. All das mit der Kraft Ihrer Imagination.

Danach begeben Sie sich in das Quellbewusstsein. Tauchen Sie tief darin ab, bis Sie ganz in diesem Bewusstsein aufgehen. Nach einigen Minuten formulieren Sie eine konkrete finanzielle Absicht, wie etwa »Geld ist immer in hohem Maße vorhanden«, »Mein Haus ist bezahlt«, »Ich bin finanziell frei«, »Geld fließt ständig auf vielen unvorhergesehenen Wegen zu mir« usw. Formulieren Sie Ihre Absicht stets so, als wäre sie bereits geschehen. Dann lassen Sie diesen Satz ziehen, bleiben noch einen Moment im Quellbewusstsein und gehen wieder in Ihren Alltag.

Denken Sie immer daran: Sie sorgen nur für das Was. Überlassen Sie dem Universum das Wie. Je mehr Sie das Thema loslassen, desto mehr Möglichkeiten werden sich ergeben, dass Ihre Absichten erfüllt werden. Das heißt natürlich nicht, dass Sie tatenlos herumsitzen sollen. Hier heißt es wiederum im Volksmund: »Hilf dir selbst, dann hilft dir Gott (das Universum)!«

Achten Sie auf die universellen Impulse, die Ihnen zuteil werden, und setzen Sie diese um. Oftmals sind es die merkwürdigsten Situationen, bei denen wir im Vorfeld gar nicht erkennen können, dass sie uns zum erwünschten Geld und Erfolg führen.

Ein Tipp zum Schluss dieses Kapitels: Wenn Sie reichen Menschen begegnen, dann segnen Sie sie. Statt neidisch und traurig zu sein, finden Sie auf diese Weise Freude an der Fülle. Zuerst für die anderen, dann schließlich für sich selbst. Denn Freude zieht Fülle magisch an!

Quantenheilung und Spiritualität

*»Gehe hinaus und finde denjenigen
mit der wirklichen Wahrheit.
Dein Leben wird zu Ende sein,
bevor du ihn gefunden hast.«*

Die meisten Menschen sind ihr Leben lang auf der Suche nach dem Glück. Sie versuchen überall, es zu finden: im Beruf, in der Familie oder der Partnerschaft, beim Spiel oder in den Tausenden von Angeboten an Seminaren zur Persönlichkeitsentwicklung. Mir ging es damals ähnlich. Ich las sehr viele Bücher. Sie waren wirklich gut, doch halfen sie mir irgendwie nicht richtig weiter. So machte ich 2003 meine Ausbildung im Neurolinguistischen Programmieren, vielen als NLP bekannt. Ich ließ mich sogar von einem der Begründer, Dr. Richard Bandler, zum Trainer ausbilden, in der Hoffnung, dass ich nun das Glück und meine »Wahre Größe« finden würde. Und, ja, es änderte sich etwas, doch nicht so viel, wie ich erwartete. Ende 2004 schlug ich dann den Weg in die Spiritualität ein, denn sie versprach das Glück, so sagte man mir. Ich machte verschiedene Ausbildungen. Jahre später, verbunden mit täglichem Meditieren, hatte ich unendlich viel auf der spirituellen Ebene erreicht, doch mein Leben bekam ich immer noch nicht in den Griff. Ich war nicht wirklich viel glücklicher, doch im Gegenzug durch all die Weiterbildungen um einen fünfstelligen Betrag ärmer. Irgendwann hatte ich die Nase gestrichen voll und hörte mit allem auf. Ich zog mich zurück, denn ich erkannte, dass auch mein spiritueller Weg nur eine weitere Rolle in meinem Leben war. So wie ich viele Rollen spielte. Ich begann, ehrlich in mich hineinzuhorchen, jenseits aller Rollen, machte mich vor mir selbst nackt, weil ich feststellte, dass ich mir immer etwas vorgemacht hatte. Und dann geschah das Wunder. So ehrlich in mich hineinschauend erblickte ich eine völlig neue Welt: meine wirkliche Welt. Ich verstand. Kein Buch, kein Seminar, kein Trainer oder Lehrer war in der Lage, mir Glück zu verschaffen. Auch keine Familie oder Partnerin konnte es.

Glück kann ich nicht *finden*, denn es ist immer da. Das Glück steckt in mir. In jeder Situation meines Lebens erlebe ich Glück, vorausgesetzt, ich erlaube es mir. Diese Entdeckung war mit der schönste Moment in meinem Leben. Die lange Suche hatte ein Ende. Von jetzt auf gleich war das Glück da, weil ich mich dazu entschieden hatte.

Und wieder landen wir beim Thema »Fokus«. Die Energie folgt der Aufmerksamkeit. Haben Sie die »Sieben-Tage-Übung« schon gemacht? Nein? Dann sollten Sie es schnell nachholen, Sie werden wahrscheinlich vor lauter Glück kaum mehr Zeit für anderes finden. Richten Sie Ihre Aufmerksamkeit sieben Tage lang jede wache Minute auf die positiven Dinge des Lebens aus.

Was will ich wirklich?

Spiritualität bedeutet für mich, dass ich mich mit den Dingen beschäftige, die das Leben ausmachen. So sehen es auch viele andere. Wenn das die Bedeutung von Spiritualität ist, dann ist jeder Mensch spirituell. Jeder beschäftigt sich des Öfteren mit seinem Leben, mal mehr, mal weniger intensiv.

Haben Sie sich nicht auch schon einmal die Frage gestellt, was Sie wirklich in Ihrem Leben wollen? Oder sind Sie eher der Mensch, der sein Leben lang so »funktionieren« will, wie andere es von ihm erwarten? Sollten Sie sich diese Frage noch nicht gestellt haben, dann ist jetzt genau der richtige Zeitpunkt dafür:

Was wollen Sie wirklich in Ihrem Leben?
Nehmen Sie sich ein Blatt Papier und einen Stift zur Hand, und beantworten Sie sich die Frage: »Was will ich wirklich in meinem Leben? Was ist das, wovon ich schon immer geträumt habe, mich jedoch bisher nicht traute, es umzusetzen?« Nehmen Sie sich genügend Zeit für diese Frage, vor allem, wenn Sie sich noch nie damit beschäftigt haben. Oftmals sind die tiefsten Sehnsüchte und Wünsche in uns verborgen und vergraben, weil wir nicht daran geglaubt

haben, dass sie jemals wahr werden könnten. Zu viele Menschen haben uns immer wieder gesagt: »Das kannst du nicht«, »Das klappt sowieso nicht«, »Wer bist du, dass du so etwas tun willst?« usw. Sollten Sie diese Sätze kennen, dann lassen Sie sie jetzt außen vor.

Übrigens: Das Wie ist in diesem Moment wie immer uninteressant. Um das Wie können Sie sich später kümmern. Es geht hier nur um das Was. Lassen Sie nichts aus. Fangen Sie an zu träumen, und lassen Sie Ihren Träumen freien Lauf. Erwecken Sie das Kind in Ihnen. Als Kind wussten Sie noch nichts von Begrenzungen. Und sollte sich der Kritiker in Ihnen zu Wort melden, dann gönnen Sie ihm eine kleine Auszeit. Er hat es verdient, weil er oft genug zu Wort kommt. Lassen Sie alles zu und Ihrer Fantasie freien Lauf.

Legen Sie jetzt Ihren Stift beiseite, und schließen Sie Ihre Augen. Stellen Sie sich all das, was Sie aufgeschrieben haben, bildlich vor – so, als wäre es längst da. Malen Sie innerlich die schönsten und buntesten Bilder. Hören Sie genau hin. Lauschen Sie voller Freude den Klängen, Geräuschen und Stimmen.
Und dann fühlen Sie. Fühlen Sie, wie es ist, wenn all das wahr geworden ist. Lassen Sie diese Gefühle durch Ihren ganzen Körper fließen, durch jede einzelne Zelle. Durchfluten Sie Ihre Zellen mit diesen wundervollen Gefühlen, bis sie satt und prall gefüllt sind mit Glück und Freude. Dann verankern Sie diesen zauberhaften Moment, indem Sie Dau-

men und Zeigefinger der linken Hand zusammenpressen. Spüren Sie, wie das ganze Gefühl in diese Handhaltung hineinprojiziert wird. Lösen Sie Ihre Finger wieder voneinander, und schwelgen Sie noch einen Moment in Ihrem Traum. Sprechen Sie zum Schluss innerlich folgenden Satz: »Danke dafür, dass all das bereits wahr ist.« Öffnen Sie dann Ihre Augen, und lassen Sie ein Lächeln über Ihre Lippen gleiten, sollte es nicht sowieso bereits da sein.

Wiederholen Sie diese Übung täglich und das mindestens 30 Tage lang. Es gibt Menschen, die diese Übung über Monate hinweg machen. Sie lassen sie als völlig normale Handlung wie etwa das Zähneputzen in den Alltag einfließen. Und sollte das Bild einmal verschwinden, wovon ich jedoch nicht ausgehe, dann nutzen Sie Ihren Anker. Pressen Sie Daumen und Zeigefinger der linken Hand zusammen. Schon kommt dieses wunderbare Gefühl wieder.

Jetzt liegt es an Ihnen, diesen Wunsch auch in die Realität zu bringen. Sie haben Angst davor, Ihr bisheriges Leben hinter sich zu lassen? Das ist nur zu verständlich – und auch der Grund dafür, dass die meisten Menschen sich die Frage »Was will ich wirklich?« gar nicht erst stellen. Sie sehen sofort, weshalb es nicht funktionieren wird. Sie finden ihre Gründe, die auch triftig sein mögen. Doch werden sie dann immer dort bleiben, wo sie jetzt sind. Der Griff nach den Sternen bleibt ihnen verwehrt. Ich erinnere Sie gern an das vorangegangene Kapitel. Erfolgreiche Menschen handeln trotz Angst, Zweifeln und Sorgen. Weil sie sich darüber im Klaren sind, was sie wirklich wollen. Und weil sie wissen, dass sie es erreichen werden.

Wie lassen sich jetzt die möglichen Ängste und Zweifel überwinden? Hierzu gibt es natürlich wieder die Möglichkeit, die Quantenheilung anzuwenden. Gehen Sie als Erstes, wie immer, in Kontakt mit der Angst oder dem Zweifel. Vor allem der innere Zweifler ist sehr mächtig. Machen Sie ihn zu Ihrem Verbündeten. Gehen Sie in Kontakt.

Für das Lösen der Angst gehen Sie folgendermaßen vor: Stellen Sie sich für alle Fälle so vor Ihr Bett oder einen Sessel, dass Sie weich nach hinten fallen können. Spüren Sie nun, wo Sie in Ihrem Körper Ihre Angst wahrnehmen. Geben Sie dann Ihre Absicht ins Feld, z.B. »verändert« oder »Angst ist jetzt Freude«. Legen Sie eine Hand auf das angstbelegte Gefühl, und finden Sie mit der anderen Hand den zweiten Punkt am Körper oder in Ihrem Feld. Synchronisieren Sie beide Punkte miteinander, so lange, bis es gut ist. Sollten Sie umfallen, lassen Sie es zu. Machen Sie einen Moment Pause, und testen Sie dann, ob die Angst noch vorhanden ist. Gehen Sie in das Gefühl der Angst. Findet es noch Resonanz, wiederholen Sie die Übung. Vielleicht resoniert die Angst auch noch an einer anderen Stelle in Ihrem Körper, beispielsweise durch Verspannungen. Wenn Sie die Übung einige Male wiederholt haben und die Angst immer noch nicht verschwunden sein sollte, dann lassen Sie Ihrem Körper ein wenig Zeit. Testen Sie einige Tage später erneut. Wird es noch nicht besser, gehen Sie noch einmal in Kontakt mit Ihrer Angst, und fragen Sie sie, was Sie noch tun können.

Diese Übung können Sie selbstverständlich auch durchführen, um weitere Blockaden und Zweifel zu verändern, die Sie von Ihrem Weg abhalten.

Der Sinn des Lebens

Folgen wir der Spur dessen, was wir wirklich in unserem Leben wollen, dann kommen wir irgendwann unweigerlich zur Frage nach dem Sinn des Lebens. Immer mehr Menschen fragen mich in meinen Seminaren und Coachings nach dem Lebenssinn und ihrer Lebensaufgabe. Von Dieter Broers, einem renommierten Biophysiker, der Wissenschaft und Spiritualität wunderbar miteinander verknüpft, weiß ich, dass immer mehr Manager in seine Vorträge kommen, weil sie in ihrer Arbeit keinen Sinn mehr finden. Sie erkennen, dass Macht und Manipulation keine sinnhaften Werte sind.

Wenn mich Suchende nach dem Sinn oder der Lebensaufgabe fragen, erhalten sie von mir folgende Antwort: Meines Erachtens hat der Mensch zwei Aufgaben. Die erste ist, das Leben so auszurichten, dass es Freude bereitet. Richten Sie Ihr Leben danach aus, sich selbst und anderen Freude zu bereiten. Tun Sie das, was Ihnen Freude bereitet. Finden Sie einen Beruf, der Freude macht usw. Je mehr Freude Sie in Ihrem Leben haben, desto einfacher wird es. Wie ich bereits zu Beginn des Buches schrieb, ist es das Geburtsrecht eines jeden Menschen, ein erfülltes, glückliches und gesundes Leben voller Wohlstand zu führen. Das erreichen Sie durch Freude im Leben. Fehlt Ihnen die Freude, dann forschen Sie, weshalb. Und bevor Sie jetzt anfangen, zu jammern, dass Sie nichts für das Fehlen Ihrer Lebensfreude könnten, weise ich Sie noch einmal darauf hin, dass Sie Schöpfer sind. Sie sind Architekt Ihrer Wirklichkeit. Sie kreieren sich Ihre Welt täglich selbst. Also haben Sie auch die Möglichkeit, diese zu verändern. Meine Frau formuliert es immer so schön: *Nicht ärgern, sondern ändern!*

Die zweite Aufgabe, die wir haben, liegt tief in unserem Innern. Jeder von uns hat unendlich viel Potenzial. Jeder trägt eine ganz besondere Gabe in sich. Etwas, was er ganz besonders gut kann, besser als andere. Diese Gabe gilt es zu erkennen, zu schöpfen, ins Leben zu tragen und der Welt zur Verfügung zu stellen. Das ist der Grund, weshalb es damals in den Dörfern einen Schreiner, einen Schmied, einen Müller usw. gab. Was ist Ihre besondere Gabe, die Sie in sich tragen? Was können Sie besser als viele andere Menschen? Die Gabe, die Sie hervorbringen, kann sich übrigens im Laufe des Lebens verändern. Vielleicht ist Ihre Gabe zu Beginn, eine besonders gute Sportlerin zu sein, und später sind Sie dann eine fabelhafte Mutter. Und irgendwann geben Sie Ihre Erkenntnisse vielen Menschen in Seminaren oder Vorträgen weiter. Nicht jeder Mensch bringt sein Leben lang die gleiche Gabe in die Welt. Wichtig ist jedoch, dass Sie andere daran partizipieren lassen. Tragen Sie mit Ihrer Gabe zu einer wachsenden, glücklichen Welt bei. Wenn Sie das tun, haben Sie Ihren Sinn gefunden.

Wie finden Sie jetzt Ihre besondere Gabe? Stellen Sie sich hierzu die folgenden Fragen:

- Worin bin ich richtig gut?
- Was fällt mir spielend leicht? Was geht mir einfach so von der Hand?
- Was kann ich deutlich besser als andere?
- Wobei geht mein Herz auf, wenn ich es tue?
- Wobei bin ich so vertieft, dass ich sogar Hunger, Durst und Schlaf vergesse?
- Bei welchen Dingen vergeht die Zeit wie im Fluge?
- Was sagen andere über mich, was ich sehr gut oder besser als andere kann?
- Was ist also meine besondere Gabe, mein Talent?

Wahrscheinlich gibt es mehrere Aspekte, die Ihnen bei der Beantwortung der Fragen einfallen. Erinnern Sie sich vor allem an Ihre Kindheit. Oftmals sind unsere Talente verkümmert, weil sie nicht gefördert, gegebenenfalls sogar verboten wurden. Sammeln Sie alle, und finden Sie heraus, ob es Gemeinsamkeiten gibt. Konzentrieren Sie sich darauf, stärken Sie diese Gabe, und bauen Sie sie aus. Sie werden feststellen, dass es besonders leicht geht, so als erhielten Sie von irgendwoher Unterstützung. Allein daran erkennen Sie bereits, dass Sie auf dem richtigen Weg sind. Fragen Sie sich, wie Sie Ihre Gabe zum Wohle der Welt einsetzen können. Wenn Sie dies tun, wird alles noch viel einfacher gehen. Das Universum wird Sie dabei unterstützen und fördern.

Erwecken ungenutzter Potenziale zur Stärkung Ihrer Gabe

Selbstverständlich können Sie die Quantenheilung nutzen, um all das zu vereinfachen. Gehen Sie wie immer vor, und stellen Sie sich am besten wieder so vor Ihr Sofa oder Bett, dass Sie gegebenenfalls weich fallen können. Denken Sie an Ihre Gabe. Finden Sie dann willkürlich einen Punkt an Ihrem Körper oder im Quantenfeld. Definieren Sie Ihre Absicht, sprechen Sie innerlich »Potenzial freigelegt«, und überlassen Sie es Ihrer Intuition, den zweiten Punkt mit der anderen Hand zu finden. Konzentrieren Sie sich auf beide Punkte, und synchronisieren Sie sie. Der Rest passiert wie immer von allein. Wiederholen Sie die Übung einige Male, denn sicherlich gibt es einige Potenziale, die es freizulegen gilt. Wenn Sie keine Resonanz mehr spüren, können Sie mit der Übung aufhören und sich auf das freuen, was kommen möchte.

Sich selbst im Quellbewusstsein erfahren

Viele Menschen möchten sich selbst in ihrer Tiefe erfahren und in sich hineinhorchen. Sie beginnen zu meditieren, stellen jedoch fest, dass ihre Gedanken einfach nicht zur Ruhe kommen. Sie finden keinen Zugang zu sich selbst. Machen Sie sich das Leben leichter, und nutzen Sie Ihre bisher gemachten Erfahrungen mit dem Quellbewusstsein. Sie wissen ja inzwischen, wie leicht der Raum im Kopf leer wird. Die »Meditation im Quellbewusstsein« ermöglicht Ihnen, sehr tief mit sich selbst in Kontakt zu kommen.

> Suchen Sie sich einen bequemen Platz, an dem Sie die nächsten 15 Minuten ungestört sind. Lassen Sie, wenn möglich, die Augen offen. Sorgen Sie dafür, dass Sie ruhig und entspannt sind. Gehen Sie dann in das Quellbewusstsein mit der Absicht, sich selbst zu erfahren, Ihre ureigene Energie, Ihre »Wahre Größe«, Ihre volle Kraft und Macht. Finden Sie die Lücke zwischen Ihren Gedanken. Dehnen Sie diese so lange aus, wie es Ihnen möglich ist. Gern 15 Minuten oder länger. Kommt dennoch ein Gedanke, so lassen Sie ihn ziehen, und bleiben Sie weiterhin in der Leere.

Es gibt nichts zu erreichen. Alles Wollen wirkt kontraproduktiv und wird Sie nur frustrieren. Wiederholen Sie die Übung immer wieder. Sie werden auf einen Schatz treffen, der unermesslich groß ist.

Den Alltag völlig neu erfahren

Sie haben wahrscheinlich beim Üben mit dem Quellbewusstsein festgestellt, dass es Ihnen von Mal zu Mal besser geht. Wie wäre es, wenn Sie das Quellbewusstsein immer mehr in Ihren Alltag einfließen lassen? Ganz bewusst, ohne irgendeine Heilung vollziehen zu wollen? Beim Zähneputzen, beim Essen auf der Arbeit, in der U-Bahn, wo auch immer. Dehnen Sie die Sequenzen »in der Lücke« immer weiter aus. Sie werden ein neues Sehen erfahren. Die Farben, mit denen Sie Ihre Umwelt wahrnehmen, werden viel kräftiger und leuchtender werden. Sämtliche Sinne werden sich schärfen, Ihre Wahrnehmung wird sich ausdehnen, Ihr Bewusstsein wird sich weiten. All das kann passieren, wenn Sie Ihren Alltag im Quellbewusstsein erleben. Sicherlich kann das für Sie eine Herausforderung darstellen, weil Sie durch all die Dinge des Alltags abgelenkt werden. Deswegen wird anfänglich jeder Tag ein Tag des Übens sein. Ist es dieses Üben wert? Ich hoffe doch, denn Ihr Leben wird sich dadurch verändern. Es wird strahlender werden, leichter, fröhlicher und entspannter.

Willkommen im Leben! Willkommen in der Welt, die schon immer für Sie bestimmt war. Genießen Sie Ihr Leben: jeden Tag aufs Neue, mehr und mehr.

Und jetzt?

*»Die meisten Veränderungen und Heilungen
enden in dem Moment der Handlungslosigkeit.«*

In diesem letzten Kapitel kommen wir zu Schritt Drei der Quantenheilung. Alles beginnt mit dem Erkennen und Verstehen. Erst danach erfolgt die eigentliche Quantenheilung. Doch der wohl wichtigste Part beginnt erst nach vollzogener Heilung. Die meisten Veränderungen und Heilungen sind deswegen häufig ohne Ergebnis, weil die Menschen im Nachhinein ihr Leben nicht verändern. Wie Sie bereits erfahren haben, erscheint nichts ohne Grund in Ihrem Leben. Jeder Schmerz, jede Krankheit, jede Blockade und jedes Verhaltensmuster dient einem Zweck. In den meisten Fällen möchte uns das Thema auf etwas hinweisen, nämlich, unser Leben zu verändern. Tun wir das nicht, gibt es für das Thema keinen Grund, zu verschwinden, denn es hat ja seine Aufgabe noch nicht erfüllt. Die Begründer der »Neuen Heilweisen der Russen«, mit welchen es sogar möglich ist, Organe und Zähne wieder nachwachsen zu lassen, sagen, dass über 90 % aller Heilungsmisserfolge daher rühren, dass die Menschen im Nachhinein nicht handeln. Dadurch wird verständlich, dass von den bisher sicherlich weit über 100000 Personen, die ein Quantenheilungsseminar besucht haben, nur wenige deutlich erfolgreicher, beziehungsreicher oder gesünder geworden sind. Sie handeln eben nicht. Wenn Sie also langfristige Erfolge mit Ihrer Heilarbeit erzielen wollen, dann hören Sie auf das, was Ihnen Ihr Körper mitteilt. Ändern Sie Ihr Leben. Sorgen Sie mehr für sich, wählen Sie den Job, der Ihnen guttut, gehen Sie Ihren Weg der Berufung, seien Sie wirklich ehrlich zu sich selbst und zu Ihrem Partner usw. Sie werden feststellen, dass sich dann Erfolg auf allen Ebenen einstellt.

Quantenheilung im Alltag

Sie haben in diesem Buch Übungen für alle Bereiche des Lebens kennengelernt. Jetzt liegt es an Ihnen, diese in Ihren Alltag zu integrieren. Je häufiger Sie die Übungen anwenden, umso schneller wird sich Ihr Leben um 180 Grad drehen – zum Positiven. Sie können die Zwei-Punkt-Methode zu jedem Thema anwenden. Nicht immer werden Sie dann die Zeit haben, erst einmal mit dem Thema in Kontakt zu gehen bzw. den kinesiologischen Test durchzuführen. Führen Sie die Methode durch, selbst wenn sie in diesem Moment nur als Symptombehandlung nützt. Für den Moment ist es gut. Später können Sie sich dann intensiv mit dem Thema beschäftigen – damit es dauerhaft gehen oder sich verändern darf.

Die Zukunft aktiv gestalten

Sie wissen, dass Sie der Architekt Ihrer eigenen Realität sind. Sie sind in jedem Moment Schöpfer. Übernehmen Sie ab heute zu 100% Verantwortung in Ihrem Leben. Werden Sie aktiv, und bestimmen Sie selbst Ihr Leben. Lassen Sie nicht andere darüber bestimmen. Die meisten Menschen werden gelebt. Sie »funktionieren«, jeden Tag aufs Neue, nur um Anerkennung, Liebe und Aufmerksamkeit zu erhalten. Gehen Sie einen Schritt weiter, und akzeptieren Sie Ihre Größe. Es ist nicht die Angst vor dem Kleinsein, die die Menschen am Handeln hindert. Es ist die Angst vor der eigenen Größe. Handeln Sie trotz Angst, Zweifeln, Sorgen und Ihres inneren Kritikers. Ich kann es gar nicht oft genug wiederholen. Denn nur so werden Sie all das erreichen, was bisher noch lediglich Träume und Wünsche sind. Ist es dafür wert, zu handeln? Ich hoffe doch.

Und sollten Sie aus irgendeinem Grunde nicht ins Handeln kommen, obwohl Sie es so sehr wollen, dann erinnern Sie sich daran, dass Sie gerade eine großartige Methode erlernt haben, mit der Sie auch diese Blockade lösen können.

Zum Schluss

Wir sind nun am Ende des Buches angekommen. Sie durften erfahren, wie Sie mithilfe der Quantenheilung bzw. Zwei-Punkt-Methode alle Bereiche Ihres Lebens zum Positiven verändern können. Sollte all das am Anfang noch wie ein Wundermittel auf Sie gewirkt haben, so verstehen Sie sicherlich jetzt, weshalb bereits mehr als 100 000 Menschen die Methode anwenden. Jeder erzeugt mit ihr seine kleinen Wunder. Ab heute auch Sie.

Lassen Sie Quantenheilung zu Ihrem täglichen Begleiter werden, damit Sie von Ihrem Geburtsrecht Gebrauch machen können: ein erfülltes, glückliches und gesundes Leben voller Wohlstand. Ich wünsche Ihnen viel Freude dabei. Danke, dass Sie mir bis hierher gefolgt sind.

Von Herzen

Ihr

Sinan Sven v. Stack

PS: Sollten Sie Fragen haben oder mehr wissen wollen, zögern Sie nicht, mich anzurufen oder anzuschreiben. Meine Kontaktdaten finden Sie auf der nächsten Seite.

Über den Autor

Siranus Sven von Staden ist Begründer der Methode »Quantum Energy«, Bestsellerautor, Berater, Coach und Vortragsredner für die neue Zeit.

Seine Reise brachte ihn zu unterschiedlichsten Lehrern aus aller Welt: zu Wissenschaftlern der Quantenphysik, der Herz- und Hirnforschung, der Zell- und Entwicklungsbiologie sowie der Morpho- und Epigenetik; zu Top-Trainern aus den Bereichen Motivation, Erfolg, Charisma und NLP; zu indischen Meistern und in tiefe Innenschau. In Dankbarkeit für all diese Erfahrungen und Erkenntnisse hat er ein zukunftsweisendes Konzept erarbeitet, das die Menschen zügig auf ihren Weg bringt.

Mehr Informationen zu seiner Arbeit finden Sie auf folgenden Webseiten: www.quantum-energy.de und www.siranus.com

Persönlich erreichen Sie ihn
- unter der Telefonnummer +49 (0)175 70 40 170 oder
- per E-Mail unter siranus@quantum-energy.de

Weiterführende Literatur und Tipps

Bartlett, R.: *Matrix Energetics*. VAK 2010.
Bauer, J.: *Warum ich fühle, was du fühlst*. Heyne 2006.
Byrne, R.: *The Secret – Das Geheimnis*. Arkana 2007.
Grabhorn, L.: *Aufwachen – Dein Leben wartet*. Goldmann 2004.
Kinslow, F.: *Quantenheilung erleben*. VAK 2010.
König, M.: *Der kleine Quantentempel*. Scorpio 2011.
Lipton, B.: *Intelligente Zellen*. Koha 2006.
McTaggart, L.: *Das Nullpunkt-Feld*. Goldmann 2007.
Takahashi, R.: *Heilen mit Quantenenergie*. Books on Demand 2009.
von Staden, S.: *30 Minuten für den souveränen Umgang mit Veränderungen*. Gabal 2010.
von Staden, S.: *Quantum Energy. Das Geheimnis außergewöhnlicher Veränderungen und Heilungen*. Schirner 2011.
Zurhorst, E. M.: *Liebe dich selbst und es ist egal, wen du heiratest*. Goldmann 2009.

Eine große Anzahl weiterer Buch- sowie DVD- und CD-Empfehlungen finden Sie auf www.quantum-energy.de unter dem Menüpunkt »Wissen«.

Registrieren Sie sich auf www.quantum-energy.de: Dort finden Sie jede Menge Video- und Audiodateien sowie Downloads zum Thema »Quantenheilung und Neue Wissenschaften«. Der Bereich wird vom Autor fortlaufend ergänzt.

Ebenfalls vom Autor im Schirner Verlag erschienen

Quantum Energy
*Das Geheimnis außergewöhnlicher Veränderungen und Heilungen.
55 Übungen, die Ihr Leben radikal verändern können.
Mit einem Vorwort des Quantenphysikers Dr. Michael König*
ISBN 978-3-8434-1007-6

Ein Auszug aus dem Buch:

Was ist Ihr tiefstes Bedürfnis in Bezug auf Beziehungen? Angenommen zu sein, geliebt zu werden, Geborgenheit zu finden, verstanden zu werden, sich anlehnen zu können? Was genau ist es? Und wenn Sie jetzt einen Schritt weitergehen: Was ist die Angst dahinter, wenn Sie dies nicht bekommen? Gehen Sie in sich, und erfahren Sie mehr über sich und Ihre Gefühle. Die Furcht ist ein Teil von Ihnen. Was würden Sie am liebsten damit tun? Ertappen auch Sie sich wie die meisten anderen dabei, diese nicht mehr haben zu wollen? »Ich will diese Angst nicht mehr«, ist die Aussage, die ich am häufigsten zu hören bekomme. Doch denken Sie daran: Die Energie folgt der Aufmerksamkeit! Was passiert also, wenn Sie die Furcht nicht mehr wollen? Richtig, sie verstärkt sich noch. Machen Sie also einfach einmal das genaue Gegenteil. Stellen Sie sich vor, Sie akzeptieren Ihre Angst als einen Teil von sich, denn schließlich entsteht sie in Ihnen. Stellen Sie sich vor, wie Sie Ihre Angst in einen Kokon aus Liebe einhüllen und sich dafür bedanken, dass sie da ist. Schließlich möchte sie Sie vor etwas schützen, selbst wenn dieser Schutz heute nicht mehr notwendig sein sollte. Die Furcht hat grundsätzlich etwas Positives. Jetzt höre ich Sie gerade laut denken: »Soll ich etwa ein Leben lang meine Angst willkommen heißen?« Nein, nicht Ihr Leben lang, doch so lange, bis Sie herausgefunden haben, wovor sie Sie schützen möchte. Wenn Sie das erkennen und verstehen, und Sie die Furcht in die Liebe eingehüllt haben, werden Sie feststellen, dass sie sich mit der Zeit verändert. Sie verliert an Stärke.

Jetzt möchte ich mit Ihnen in Bezug auf das Thema »Liebe« noch einen Schritt weitergehen. Schauen Sie sich Ihren Mangel ein wenig näher an, und stellen Sie sich folgende Frage: »Wie fühle ich den Mangel an Liebe?«

Selbsterforschung: Wie fühle ich den Mangel an Liebe?

Suchen Sie sich einen ruhigen Ort, machen Sie es sich bequem und stellen Sie sich die Frage: »Wie fühle ich den Mangel an Liebe?« Wahrscheinlich wird Ihr Kopf jetzt versuchen, Antworten zu finden. Doch in dieser Übung geht es nicht um eine intellektuelle Antwort, es geht lediglich ums Fühlen. Gehen Sie in sich, und fühlen Sie den Mangel. Wie macht er sich bemerkbar? Wie fühlen Sie den Mangel?

Werden Sie wütend oder traurig? Wo genau fühlen Sie ihn? Kommen vielleicht Bilder aus der Vergangenheit hoch? Seien Sie einfach achtsam und neugierig.

Möchten Sie dem Thema »Liebe« noch weiter auf die Spur kommen? Dann lade ich Sie ein, noch tiefer in Ihr inneres Mysterium hinabzutauchen und Kontakt aufzunehmen mit Ihrem inneren Kind. …

Der Bestseller »Quantum Energy – Das Geheimnis außergewöhnlicher Veränderungen und Heilungen« ist das erfolgreiche Basiswerk des Autors zum Thema »Heilen mit Quantenenergie«. Siranus Sven von Staden stellt darin ausführlich seine eigene Methode vor, die über die Quantenheilung deutlich hinaus geht, mit 55 Übungen zu allen Lebensbereichen. Hierin bekommen Sie einen eindrucksvollen Überblick, warum wir Menschen so sind, wie wir sind, und was Sie aktiv tun können, um das Leben zu führen, das Sie sich schon immer gewünscht haben.

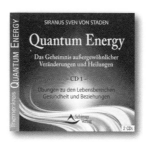

Quantum Energy

Das Geheimnis außergewöhnlicher Veränderungen und Heilungen.
CD 1: Übungen zu den Lebensbereichen Gesundheit und Beziehungen
Gesamtspielzeit (Doppel-CD): 121:25 Min.
ISBN 978-3-8434-8155-7

Die erste Begleit-CD zum Buch *Quantum Energy*: Der erfahrene Coach und Berater spricht darauf 14 Übungen, die Ihnen dabei helfen, Ihre Gesundheit und Ihre Beziehungen mithilfe des Quantenbewusstseins deutlich zu verbessern oder zu heilen. Physische und psychische Schmerzen, Krankheiten, Blockaden und Ängste dürfen gehen; ein erfülltes, glückliches und gesundes Leben darf entstehen.
Selbstverständlich können Sie diese Doppel-CD auch ohne das Buch einsetzen.

Quantum Energy

Das Geheimnis außergewöhnlicher Veränderungen und Heilungen.
CD 2: Übungen zu den Lebensbereichen Erfolg, Reichtum, Berufung und Spiritualität
Gesamtspielzeit (Doppel-CD): 87:24 Min.
ISBN 978-3-8434-8156-4

Die zweite Begleit-CD zum Buch *Quantum Energy*: Mit 15 vom Autor selbst gesprochenen Übungen, die Ihnen dabei helfen, das Quantenbewusstsein dafür zu nutzen, erfolgreicher und wohlhabender zu werden, Ihre Berufung zu finden oder auf Ihrem spirituellen Weg einen deutlichen Schritt weiterzukommen. Ermöglichen Sie sich ein erfülltes, glückliches und erfolgreiches Leben voller Wohlstand.
Auch diese Doppel-CD können Sie selbstverständlich unabhängig vom Buch einsetzen.

Die Transformation des Zellbewusstseins I
Tief greifende negative Verhaltensmuster und Blockaden mithilfe des Quantenbewusstseins verändern
Spielzeit: 35:02 Min.
ISBN 978-3-8434-8157-1

Es gibt Blockaden, Verhaltens- und Glaubensmuster in unserem Leben, die tief in die Zellstruktur unseres Körpers »eingebrannt« sind. Diese lassen sich mit herkömmlichen Mitteln nicht verändern. Die Übung »Transformation des Zellbewusstseins« ist eine speziell entwickelte Meditation, die es ermöglicht, die DNS-Struktur umzuprogrammieren, damit Heilung auf tiefster Ebene stattfinden kann.
Alle CDs dieser Reihe werden vom erfolgreichen Trainer und Coach selbst gesprochen.

Die Transformation des Zellbewusstseins II
Liebe endlich wieder fühlen
Tief greifende negative Verhaltensmuster in Bezug auf die Liebe über das Quantenbewusstsein verändern
Spielzeit: 38:50 Min.
ISBN 978-3-8434-8158-8

Viele Menschen sind nicht in der Lage, glückliche Beziehungen zu führen: sei es mit sich selbst, Ihrem Partner oder anderen Menschen. Das resultiert häufig aus Verhaltens- und Glaubensmustern, die in früher Kindheit entstanden sind. Die Übung »Transformation des Zellbewusstseins« greift auf die Tiefenstruktur dieser Muster zu und verändert sie auf dieser Ebene – für ein Leben voller wunderbarer Beziehungen.

Die Transformation des Zellbewusstseins III
Erfolg auf allen Ebenen erfahren.
Mithilfe des Quantenbewusstseins aus Mangel Fülle werden lassen.
Spielzeit: 41:43 Min.
ISBN 978-3-8434-8159-5

Haben Sie sich das auch schon einmal gefragt: »Wie kommt es, dass die meisten Menschen kämpfen müssen, um erfolgreich zu sein, während anderen Erfolg förmlich zufällt?« Das liegt häufig an Kindheitserfahrungen, die zu diesem Thema gemacht wurden. Aus diesen Erfahrungen heraus sind Blockaden, Verhaltens- und Glaubensmuster entstanden, die noch heute wirksam sind. Die geführte Tiefenstruktur-Meditation dieser CD ermöglicht es, jene Muster zu verändern. Aktivieren Sie über das Quantenbewusstsein einen Turbo für Ihren Erfolg und Ihren Wohlstand.

Die Transformation des Zellbewusstseins IV
Die Seele fest im Körper verankern
Spielzeit: 24:44 Min.
ISBN 978-3-8434-8160-1

Es gibt Menschen, die sich in ihrem Körper nicht zu Hause fühlen. Sie wären am liebsten gar nicht hier auf der Erde oder haben das Gefühl, nicht eins mit Ihrem Körper zu sein. Die auf dieser CD gesprochene »Transformation des Zellbewusstseins« ermöglicht es der Seele, sich fest mit dem Körper zu verbinden. So kann endlich eins werden, was schon immer eins sein sollte, um im Hier und Jetzt zu leben.

Vom Mangelbewusstsein ins Füllebewusstsein
Wie Mangel, Leid, Ängste und das ewige Kämpfen ein Ende finden
Spielzeit: 46:26 Min.
ISBN 978-3-8434-8161-8

Die Neuen Wissenschaften belegen, dass unsere Gene durch unsere Umwelt, also unsere Eltern, Großeltern, Lehrer, Freunde, Medien usw., beeinflusst werden. Daher tragen wir, sozusagen in die Zellstruktur einprogrammiert, kulturelle Prägungen wie Mangel, Leid und Existenzängste in uns. Die geführte Tiefenstruktur-Meditation auf dieser CD ermöglicht es Ihnen, die alten Bindungen zu lösen und Ihre DNS umzuschreiben, damit der nicht zu Ihnen gehörende Mangel gehen und Fülle entstehen darf.